1時間で議会対応のコツがわかる本

北村純一 [著]

学陽書房

はじめての議会対応が不安…

議会のルールを知りたいけれど時間がない…

議員とはどのように付き合えばいいのか…

議会の準備は何をすればいいんだろう…

答弁で間違ったことを答えてしまったら…

どうしよう!?

そんな悩みを
この1冊で解決!

特長①　議会対応のポイントを厳選!
　これだけは知っておきたい・押さえておきたい議会対応のポイントを1冊にまとめました。

特長②　1時間で読める・わかる!
　忙しい読者の皆さんができるだけ短時間で読めるように、コンパクトに解説しています。

特長③　大きい文字で読みやすい!
　読みやすさを重視して、大きな文字サイズを採用。目に優しく、読者への負担にも配慮しています。

はじめに

　近年、管理職になりたがらない自治体職員が増えているそうです。理由は様々ですが、その1つは職位が上がることに伴う責任の重さを感じるからです。

　管理職として責任の重い業務といえば、やはり議会対応でしょう。避けて通れない業務ですが、管理職になって間もない職員の中には、不安やプレッシャーを抱え、議会の度に頭を悩ませている方も多いのではないかと思います。

　議会対応が難しいと感じる理由としては、①議会や議員のことを体系的に教えてもらう機会がなかった、②誰に聞けばよいのかわからず、理解できていないまま見よう見真似で来てしまった、③40〜50代の忙しい世代にとって、勉強するまとまった時間が取れない、などが考えられます。

　また、最近はどの自治体も女性管理職を増やす傾向にありますが、公務員としてのキャリアパスを見ると、男性職員とのジェンダーギャップが存在します。地方議会はまだまだ高齢男性中心の構成ですので、女性職員が管理職になると議員の相手は荷が重いと感じるのではないでしょうか。

　そこで本書は、管理職になって間もない方や、管理職として議会対応に不安を抱いている方に向けて、議会や議員のこ

とをなるべくわかりやすく書きました。1項目を約1分で読める文字量とし、**約1分×61項目＝約1時間**で一通りの議会対応について習得できるように構成しています。

　それでも本を読む時間がなかなか取れない方や、長時間の読書が難しくなってきた方には、確認したい項目だけさっと目を通していただければと思います。

　さらに、この本の特色として、著者がこれまで全国の地方議員と接してきた中でつかんだ、**議員と良好な関係を築くための心構えや会話の技術なども紹介**しています。ですので、議会の法的な解説書や答弁事例集とは一線を画す、管理職が最低限押さえておきたいポイントを厳選した指南書とお考えください。ただし、それぞれの自治体や議会において先例や申し合わせがある場合は、そちらを優先してください。

　議会対応を「難しい」から「易しい」に変えることが本書のねらいです。今、この本を手に取っていただいたあなたにもぜひ実感していただければと思います。

　なお、本書に記載されている内容は、あくまでも著者個人の見解であり、所属する団体や組織の見解ではないことを申し添えます。

　本書が、議会対応に自信を持ちたいと願う、多くの管理職のお役に立てれば幸いです。

北村　純一

Contents

はじめに ……………………………………………………………………………… 4

第1章
議会事務局経験者だからわかる！
議員との付き合い方

1 議員のプロフィールをつかむ …………………………………… 16
2 議員の呼び方は「先生」でなくてもOK ………………………… 18
3 新人・中堅・ベテラン議員、それぞれの対応ポイント ……… 20
4 議員の世界は人間関係の「縮図」 ……………………………… 22
5 役所OB・OGの議員は手強いってホント？ …………………… 24
6 会派という集団との対峙に気をつけて ……………………… 26
7 議員の困難な要望は「説得」ではなく「傾聴」がカギ ………… 28
8 議員からの地域や特定団体の要望は「交渉」で対応 ………… 30
9 能ある職員は「爪」を隠す ……………………………………… 32
COLUMN 1　ときには「嫌われる勇気」「割り切り」の覚悟で ………… 34

第 2 章
これだけは知っておきたい！
議会の基礎知識

1 二元代表制の意味を正しく理解する ……………………… 36

2 必ず押さえておきたい議会の主な権限 …………………… 38

3 議会の「会議」と執行機関の「会議」は似て非なるもの …… 40

4 会議で執行機関の職員を「説明員」と呼ぶ理由 …………… 42

5 議会における「休憩」≠単なる「休み時間」 ……………… 44

6 安易な179条専決処分には要注意 ………………………… 46

7 住民やマスコミへ先に周知したら議会軽視と叱られる!? … 48

8 行政視察への随行は議員を知るチャンス ………………… 50

COLUMN 2 議会事務局職員と執行機関職員の関係は呉越同舟!? …… 52

第3章
最終的な意思決定の場！
本会議に臨む心構え

1　頭に叩き込んでおくべき本会議の流れ ……………………………… 54

2　本会議に出席する説明員は議会ごとに異なる ……………………… 56

3　議長による指名なくして議員も説明員も発言できない …………… 58

4　本会議が「八百長と学芸会」と言われた理由 ……………………… 60

5　説明員の答弁は「文書」でもできる ………………………………… 62

6　説明員はあくまで役割、焦らず慌てず淡々と ……………………… 64

7　公の場で議員の「面子」は潰すべからず …………………………… 66

8　言われっぱなしを防ぐ伝家の宝刀「反問権」 ……………………… 68

COLUMN 3　本会議にジャケパン出席で叱られた!? ………………… 70

第4章 一般質問・質疑対応は「準備」が9割！ 答弁のポイント

1 議会答弁は「段取り八分、仕事二分」 ……… 72
2 政党指示による質問は他議会会議録にヒントあり ……… 74
3 なぜ、答弁担当の「割り揉め」が起こるのか？ ……… 76
4 議員の質問は「核心」を探る ……… 78
5 議員の一般質問に「すべて」答弁する必要はない ……… 80
6 議員による答弁者の指定は「あくまで希望」 ……… 82
7 答弁は「二段階上役」のつもりで考える ……… 84
8 「自己の意見」には安易に答弁しない ……… 86
9 答弁内容を間違っても訂正・取消しは可能 ……… 88

COLUMN 4　議会の会議は「原則」だらけ！？ ……… 90

第5章 臨機応変に議論を尽くす！ 委員会のセオリー

1 難しい案件ほど「事前の根回し」を尽くす …… 92
2 押さえておきたい「委員会付託」の流れ …… 94
3 質疑を受けたらまず「承認」する …… 96
4 委員会答弁は「テンポ」が命 …… 98
5 質議の意図がわかりにくければ要約して確認する …… 100
6 質疑されたこと以上に「余計な答弁」はしない …… 102
7 答弁しにくい質疑ほどむしろ肯定的に答弁する …… 104
8 イマイチな部下答弁には即座に助け舟を …… 106
9 手持ち資料がなくても「持ち合わせていない」は禁句 …… 108
10 議員個人からの資料要求に応じる法的義務はない …… 110
COLUMN 5 反対派かもしれない傍聴人が詰めかけても平静を装う …… 112

第6章 議会の審査に応える！予算決算委員会の攻略法

1 3年分の会議録で「経年変化」をインプットする ……… 114
2 答弁でもたつかない資料整理のコツ ……… 116
3 決算委員会で検査を求められる場合を想定しておく ……… 118
4 どうなる？　まさかの決算不認定 ……… 120
5 委員会で付帯決議が可決される場合も想定しておく ……… 122
6 決算と当初予算の議会政策提言との関係性 ……… 124
7 予算委員会前に議員の目のつけどころを知る ……… 126
8 議決対象の予算科目と組替動議を理解する ……… 128
9 事業の縮小・廃止は特に丁寧な説明が必要 ……… 130

COLUMN 6　財政課経験のある管理職が注意すべき「ジレンマ」……… 132

第7章
議員・部下から一目置かれる管理職になる！
スキルアップのコツ

1. 会議録検索システムや業務アプリを使いこなす ……………… 134
2. 議会放送を聞かせて、部下に行政の諸課題について意識を持たせる ……………… 136
3. 本会議や委員会の内容を要約させることが、部下の成長につながる ……………… 138
4. 傾聴上手は答弁上手 ……………… 140
5. 議員からの資料要求を部下から相談された時に上司の力量が試される ……………… 142
6. 委員会提出資料の作り込みはほどほどに ……………… 144
7. 議員のハラスメントから自身や部下を守るコツ ……………… 146
8. 議員提案条例制定前から執行機関として情報収集が必要 ……………… 148

COLUMN 7　公立図書館や議会図書室は職員の強い味方 ……………… 150

〈凡例〉

本書中で法令を引用する際は、次のように略記しています。

○日本国憲法→憲法
○地方自治法→自治法

また、一部用語は便宜上、次のとおりとしています。

○委員…委員会の構成員を委員と呼びますが、わかりやすいようにあえて「議員」で表記を統一します。
○委員会…委員会には、常任委員会、議会運営委員会、特別委員会、任意設置の委員会があります。本書は、執行機関が説明員として出席する委員会を想定しています。
○事件…議案や議会の審議に付される付議事件（自治法96条等）のほか、委員会審査のために付託する付託事件（標準会議規則）を総称します。

第1章

議会事務局経験者だからわかる！
議員との付き合い方

第1章　議会事務局経験者だからわかる！　議員との付き合い方

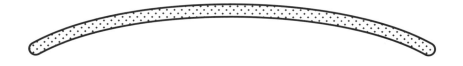

1

議員のプロフィールを
つかむ

自治体の管理職は、議会の開会が近づくと、自分の部署に議員からの一般質問があるのか、委員会ではどんなことを聞かれるのかなどが気になってそわそわしがちです。
　また、日頃も議員からの要望や、議員を通じた市民からの相談も含め、どんな案件が自分の部署の業務に影響するのか、できれば事前に察知しておきたいと思うものです。

　特に、**4年に一度の議会改選期は注意が必要**です。議員の入れ替わりがあり、新人議員の場合は事前の情報が少なく、人柄もよくわからないため、初めての定例会や夏の決算審議などで、どんな視点で質問や質疑をされるのか見当がつかない場合もあるからです。

　まずすべきことは、議員の関心事や特徴の把握です。選挙期間中に市中で配布される討議資料やマニフェストといった紙媒体に加え、ホームページやFacebook、YouTubeなどのSNSにも一通り目を通しておきましょう。
　党派や政治信条はもちろんのこと、**どのような政策の実現を訴えているのか、学職歴、有資格、居住地区、支持者層**など、かなり多くの情報を集められると思います。
　当選後は、議員個人または会派で発行する広報紙やブログなどもチェックしておきましょう。また、長と密接な関係にある与党会派の議員の場合、SNSでもつながっている場合がありますので、そこも意識しておきましょう。

第1章　議会事務局経験者だからわかる！　議員との付き合い方

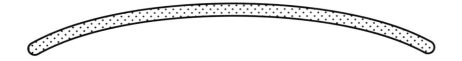

2

議員の呼び方は 「先生」でなくてもOK

皆さんの自治体は、議員を「先生」と呼んでいますか？多くの地方議会や自治体、国会では議員を「先生」と呼ぶ習慣があります。

　「遡ること明治時代、地元の名士が議員になる場合が多かったことから先生と呼ばれていた」など諸説あるようですが、確定的なものはないようです。ただ、先生と呼ばれることで権威を示す効果はあるのでしょう。また、議員数が多い議会は名前を覚えるのが大変なので、「先生と呼ぶのが無難」との意見もあるようです。

　大阪府議会では、令和4年以降、府職員が府議のことを「先生」と呼ぶ長年の慣例をやめ、「議員」や「さん」付けで統一することが話題となりました（府議同士も同様）。本会議での呼称も「君」から「議員」に変更しています。

　私は、議会事務局職員の時から他自治体の議員を含めて「先生」と呼んだことはなく、「○○議員」と呼んでいますが、注意を受けたことは一度もありません。一方で、公選職である議員への尊敬の念や、議員にお願い事をする立場上、先生と呼んでいる自治体もあります。
　長年の習慣がありますので、急に呼び方を変えるのは難しいかもしれませんが、まずは皆さんから「先生」と呼ぶことをやめてみてはいかがでしょうか。

第1章　議会事務局経験者だからわかる！　議員との付き合い方

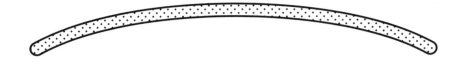

3

新人・中堅・ベテラン議員、それぞれの対応ポイント

4年ごとの議員改選後、顔ぶれを眺めて、これからどう対応していくべきか思案するのが管理職の務めです。ここでは、新人・中堅・ベテラン議員に分けて対応を紹介します。

　まず、**新人と言われる1期目の議員**です。フレッシュな新人は、住民の期待値から得票数が伸びて上位当選することがあります。その選挙結果をもとに「議会を変えてやるぞ」と意気込んでいる方もいます。ただ、公職や法曹職の経験者でもないかぎり、議会や行政のルールは知らない初心者です。初登庁後、どのように動かれるのかを一歩引いて見極めます。

　次に、**中堅と言われる2期～3期目の議員**です。1期目よりも得票数が伸びず、選挙で苦労する議員もいます。ただ、議会の習慣にも慣れ、委員長や副議長等の役職を経験している場合があります。中堅議員の情報は、執行機関もつかめているので、先輩管理職に確認しておきましょう。

　最後に、**ベテランと言われる4期目以上の議員**です。常に当選してくる安定した地盤があり、議長や議会運営委員長等の議会の要職や会派の長を複数回経験している場合があります。執行機関の職員からも一目置かれる存在ですから、可能なら信頼関係を築けるようなパイプづくりを模索しましょう。
　議員と関わった経験が少ない場合、素性や特徴があまりわからないと思いますので、なるべく早い段階で情報収集することが肝要です。

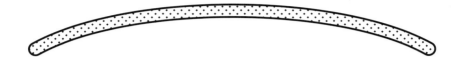

4

議員の世界は人間関係の「縮図」

議員の世界は、まさに人間関係の縮図です。
　例えば、当選してくる議員の期数と年齢の関係です。60歳代で初当選し、新人としてデビューする方がいる一方、若くして議員になり当選回数を重ねることで、会派で先輩的な役割を果たす方もいます。ただ、全国市議会議長会が行った調査※によると、議員の**平均年齢は58.8歳で、49歳以下が23.7％です。**また、**男女比は、おおよそ8対2**なので、高齢男性に偏っているといえます。県及び町村の議会も大差ありません。

　議員になる以前や在職中の職業・経歴もさまざまで、議員専業の方も多数います。
　政党所属については、国政政党または地域政党の党派で分かれることがありますが、地方議会では無所属議員が多いのが特徴です。そのため、**特定の政治信条を持っている議員もいますが、どちらかといえば地域代表的な意味合いが強い**ともいえます（そもそも地方議会は小選挙区制ではないので、地域代表という考え方はそぐわないのですが）。
　その他、個性や思想等の違うさまざまな人たちが議員となる、まさに人間関係の縮図です。そして、会派はあるものの、原則は一人親方的な個人の集合体です。議員同士や対職員でも合う・合わないの相性が出てくるのは当然といえます。
　断片的な一次情報だけで判断せず、議員の属性にまで目を向けると、また違った一面が見えてくるでしょう。

※市議会議員の属性に関する調（令和5年7月集計）

第1章　議会事務局経験者だからわかる！　議員との付き合い方

5

役所OB・OGの議員は手強いってホント？

皆さんの自治体にも、公務員から転身した議員がいるかもしれません。公務員経験者といっても、事務職、技術職、現業職など、さまざまな職種から議員に転身しています。また、議員になる前の異動履歴や役職も異なります。

　当該自治体を退職した役所OB・OGが同じ団体の議員になると、**1期目であってもある意味役所のイロハを知り尽くしたベテラン**です。さらに、その議員が皆さんの元先輩や元上司にあたる場合は、より難しい状況となります。

　例えば、何かしらの依頼があると、無下に断りにくいのは容易に想像がつきます。また、対応困難な依頼を一時しのぎで「検討します」と答えても、相手は役所のルールを熟知しているため、後日断る理由探しにも苦労するでしょう。

　もちろん、議員も役所出身であることを意識していますから、執行機関にとって心強い援軍になってくれる場合もあります。ただ、案件によっては、自分より議員のほうが法律や制度を熟知していてルールを逆手に取られるケースや、あってはならないことですが、他部署の職員とつながっていて役所の情報が漏れる（場合によっては刑事事件に発展する）ことも想定されます。

　議員になった以上、議事機関という別の機関に属する相手ですから、元先輩や元上司でも特別扱いは禁物。執行機関の職員として強い意思表示が必要です。

第1章 議会事務局経験者だからわかる！ 議員との付き合い方

6

会派という集団との対峙に気をつけて

議会には、会派制度があります。会派とは、**同じ志を持つ議員で結成した議会内の集団**を指します。改選後に議員が2〜3人以上が集まれば会派を結成することができる議会が多いと思います。もちろん、最初は複数人で会派を組んだものの、何らかの事情で離脱者や分裂があり、1人会派を名乗る議員もいます。

　会派結成や解散、名称変更をする場合は、代表者が議長へ届け出ます。各議会は、会派の要件を定めており、人数が多い会派ほど質問時間や議会内人事の役職等で有利になる傾向です。また、議長が諮問するための公的な会議体として議会運営委員会がありますが、それとは別に任意の会議体として会派（各派）代表者会議があり、会派間の調整が図られます。
　自治体の長と議員は、直接選挙で選ばれているため、国政と違い、与党・野党という概念はないはずですが、実際は長に近い与党会派や野党会派が存在します。

　さて、この会派ですが、会派内で年齢とは関係なく当選期数による先輩・後輩があります。また、議会にもよりますが、議案の表決時には、議員個人ではなく会派で賛否の意思統一を図ります（会派拘束）。
　このようなことから、**議員個人は接しやすい方でも、会派という集団として対峙すると態度が硬化する**場合もあります。個人の自由意思が制約される側面があるので、会派への対応には気をつけたいものです。

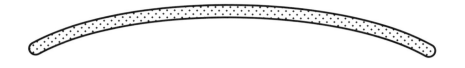

7

議員の困難な要望は 「説得」ではなく 「傾聴」がカギ

議員から「聞いてもらいたい案件がある」と言われただけで身構えてしまうことはありませんか？　それが、単に問い合わせ程度ならまだしも、かなり困難な要望であると、話を聞いた職員としては、果たして解決できるのか、はたまたどうやって説得して断るべきかを考えて思い悩みます。

　こうした場合、**公務員的思考で陥りやすいのは、公平性や他とのバランス等を盾に「できない（断る）理由」から考え始めること**です。

　しかし、議員としても個人的な思いつきではなく、支持者や団体からの要望を受けてきていると、手ぶら（成果なし）で帰るわけにはいきません。職員から解決できない理由を並べて説得されても、議員も簡単には引き下がれず、むしろ態度を硬化させかねません。

　議員の要望と執行機関としてできることを整理するためには、まず傾聴がカギとなります。

　傾聴の効果は、「話を聞いてもらった」という心理的安全性です。傾聴とは単に黙って耳を傾けることだけではなく、**まずは相手の言いたいことを丸ごと受け止め、解きほぐす技術**です。議員自身も、無理筋と思いつつ要望に来ている場合もありますので、**受け止めの姿勢を見せる**ことが重要です。

　次のステップとして、互いの妥協点を見出すためにも、まずは傾聴に徹することを心がけましょう。

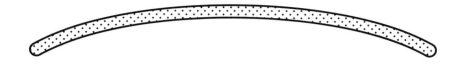

8

議員からの地域や特定団体の要望は「交渉」で対応

議員は、地域や特定団体の支持者と日々接しており、それに付随した内容の要望を執行機関は受けることになります。地域や特定団体とは、町内会等の地縁団体、福祉や教育系団体、「○○の会」等特定の団体、その他、議員の紹介を通してきた組織です。内容も、地域内の限定的なことから、議会へ陳情や請願で出されてくる案件まで多岐にわたります。

　執行機関の長や職員はもちろん、議員も憲法15条2項に規定する「全体の奉仕者であつて、一部の奉仕者ではない」ことから、要望も精査する必要があります。この時のスキルとして職員に必要なのが「交渉力」です。「議員相手に交渉などおこがましい」と考える必要はありません。**議員も執行機関からいかに有利な条件を引き出すかの交渉に来ている**からです。

　交渉で考慮すべきは、議員の要望をすべて受けるかどうかの駆け引きではありません。要望を出す側と受ける側の立場に隔たりがあるのは当然のことです。本来は、**真の利害（真因）を整理し、第三の選択肢を探ることで利害の一致点を見出す努力をすることが交渉**です。
　もちろん、すべての案件について、すぐに利害の一致点を見出すことができるわけではありません。実現不可能な場合は、はっきり伝えることも必要です。**どの範囲までは実現可能なのか、どこからは見送るべきかを両者で共有する**だけでも、議員の納得感は高まります。

第1章 議会事務局経験者だからわかる！議員との付き合い方

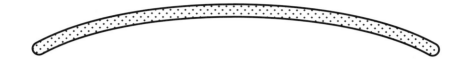

9

能ある職員は 「爪」を隠す

議員から、住民の要望に対する取組状況や一般質問の事前調整として、執行機関に対しヒアリングやレクチャーを依頼されることがあります。
　こうした場面では、執行機関の職員のほうが議員よりも専門知識や情報を持っている場合がよくあります。しかし、だからといって、議員と話をする時に**脊髄反射的に否定するような態度や、特に新人議員の理解不足を揶揄するような言動をとることは、厳に慎むべき**です。

　議員が職員に本音を明かすことはそうそうありませんが、多くの場合、相手を軽んじるような職員の姿勢や態度は見透かされていることが多いものです。お互いの人となりを理解し、信頼関係を築けていないかぎり、安易に発する言葉やおざなりな態度を上から目線だと捉えられてしまう可能性もあるため、**どんな場面でも丁寧に接することが肝要**です。

　おそらく諸先輩を見ても、**能力が高い方ほど謙虚に議員と接し、信頼関係を構築されている職員が多い**のではないでしょうか。逆に、癖や我の強い職員は、議員との相性が合えばよいものの、マウントをとるような物言いをして、反感を招いてしまう場合もあります。
　こういった言動や態度を職場内で見せると、部下や後輩職員にも刷り込まれるかもしれないので注意が必要です。さまざまなタイプの議員がいると思いますが、くれぐれも真摯な対応を心がけましょう。

COLUMN 1

ときには「嫌われる勇気」「割り切り」の覚悟で

　選良という言葉をご存じでしょうか。辞書を引くと「すぐれた人物を選び出すこと。またその選ばれた人」とあります。採用試験を経て公務員になった一般職と違い、特別職のうち選挙で住民から信任された長や議員は、選良に値する人物といえます。

　これまでに研修会や視察で出会った多くの地方議員は、住民福祉の向上のために働かれている選良だと思います。ただ、残念ですが、とても選良とは言いがたい議員が一定数います。刑事罰を受ける議員や、そこまではいかなくとも議会内外で問題を起こす議員の報道が尽きません。

　また、議員も時代の変化を受けています。以前は、会派の先輩議員が後輩議員に助言するなどしてガバナンスが効いていましたが、近年は多様性の尊重やSNSによる意見の可視化が進み、崩れてきた部分でもあります。コンプライアンスに関する議員研修が増えてきたのは、その証左です。

　議員には真摯な態度で臨むべきですが、それは良識のある議員であることが前提です。話が通じない、偏見に満ちた態度であるなど、おおよそ選良とは言いがたい議員には、毅然とした対応が必要です。そこまでではないものの、要望をゴリ押ししてくるような議員も含め、嫌われることを覚悟で割り切って距離を置きましょう。結局、あなたが思うような相手（議員）に変えることは不可能なのですから。

第 2 章

これだけは知っておきたい！
議会の基礎知識

第 2 章　これだけは知っておきたい！　議会の基礎知識

1

二元代表制の意味を正しく理解する

若手職員のうちは、自分の業務にとって議会はそれほど関心事ではないかもしれません。しかし、**中堅職員から管理職になるに従って、業務として議会対応に迫られる**ことになります。ただ、議会事務局に異動でもならないかぎり、議会の仕組みについて体系的に学ぶ機会はそう多くはありません。

　中学校の教科書にも出てくる長と議会の関係を表す言葉に、二元代表制があります。議会では、長との関係を車の両輪になぞらえて二元代表制がよく使われますが、執行機関で常日頃から意識をしている職員は少ないのではないでしょうか。
　改めて、二元代表制についておさらいしておきましょう。地方自治における二元代表制とは、**住民の直接選挙によって選出された長と議会が、自主性や独立性を保ちつつ対等の関係に立ち、相互の抑制と調和を図りながら自治体運営を行うこと**をいいます。

　実際には長の力が強く、長提出議案の9割以上が原案可決しているのが全国の状況といわれています。もちろん、議会にも長を抑制する権限はありますが、あまり機能していません。このことから、議会基本条例制定や議会改革により議会の権能を高める動きもありますが、以前に比べると下火といわざるをえません。
　まずは、**我が自治体の長と議会が比較的協調・融和の関係にあるのか、それとも対立関係にあるのか**をよく見極めたうえで議会への接し方を考えていきましょう。

第2章　これだけは知っておきたい！　議会の基礎知識

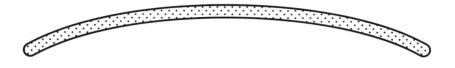

2

必ず押さえておきたい
議会の主な権限

議会にはさまざまな権限があります。定例会で議案を提出する執行機関の職員なら、条例の制定改廃や予算を定める議会の議決権はイメージしやすいと思いますが、その他にも議会の権限で行う議事があります。そこで、議会の権限について執行機関に関係するものを大まかに紹介します。

自治法に規定されている議会の権限としては、主に以下のものがあります。

> ❶**議決権**（96条）
> ❷事務に関する書類の検閲や報告を請求して、執行や出納を検査する**検査権**（98条1項）
> ❸議会は、実地検査を行えないため、監査委員に行わせる等の**監査請求権**（98条2項）
> ❹自治体の事務全般を調査でき、強制力もあることから"伝家の宝刀"と言われる**調査権**（100条）
> ❺説明員の議場への**出席要求権**（121条）
> ❻議会が採択した請願を執行機関がどのように処理したか経過と結果の報告を求める**請願処理報告請求権**（125条）
> ❼長が行う副知事、副市町村長の選任行為等への**同意権**（162条等）
> ❽長を信任しない**不信任議決権**（178条）
> ❾長による専決処分後の**承認権**（179条3項等）
> ❿長による処分等について審査請求または異議申立てがあったときの**諮問答申権**（206条3項等）

これらの権限により、議事機関である議会が、執行機関の行政執行を監視する役割を担っています。

第 2 章　これだけは知っておきたい！　議会の基礎知識

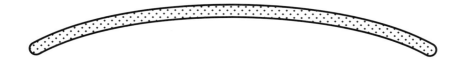

3

議会の「会議」と執行機関の「会議」は似て非なるもの

執行機関の会議には、さまざまな種類があります。
　例えば、自治体によって名称は異なりますが、いわゆる**「庁議」**と呼ばれる、政策会議や幹部会議といった、長以下の幹部級職員による重要な政策決定をするための会議があります。その他、中堅以下の職員による調整会議や報告会議、ワーキングチームによる作業部会や業者を交えた打合せなどの会議もあります。

　一方、**議会の会議は、自治法6章6節で細かく規定されており、議場で開かれる本会議のことを指します。**
　また、自治法109条では、「条例で常任委員会、議会運営委員会及び特別委員会を置くことができる」と規定されており、ほとんどの議会で委員会が設置されていますが、**委員会のことを議会の会議とは呼びませんので注意してください。**

　議会における委員会は、議会の内部組織であり、**本会議のための予備的審査や調査を行うこと**を目的として設置されます。そのため、本会議のように形式的な議論の場ではなく、もう少し自由に発言し、意見交換する場とされています。どちらかというと本会議よりも委員会のほうが執行機関で行われる会議に近いイメージです（ただし、あくまで発言は議題についてのみであり、議題外にわたることは許されていません）。
　このように、会議の要件1つをとっても執行機関と議会では、意味合いに違いがあることを押さえておきましょう。

第2章 これだけは知っておきたい！ 議会の基礎知識

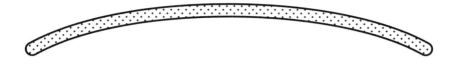

4

会議で執行機関の職員を「説明員」と呼ぶ理由

説明員の議場への出席要求権（自治法121条）は、議会の審議に必要な説明のため、**議長から出席を求められたときは、議場に出席しなければならない義務を負う**ものです。

　本来、長や行政委員会の委員長等が、提出した議案等を説明し、議員からの質疑にすべて答弁すればよいのですが、長や委員長等が詳細な部分まで答弁するのは現実的に不可能です。そこで、執行機関が部下職員に対しては**「委任」**し、部下職員以外の者へは**「嘱託」**して、議場で説明させるために説明員と呼んでいます。ちなみに「嘱託」する説明員は、部下職員以外の者であっても当該自治体の職員に限られ[※]、**地方公社や一部事務組合の職員を説明員として出席させることは、原則できません。**

　また、議長からの出席要求がなければ、執行機関がいくら求めても説明員として出席させることはできないため、注意が必要です。議長からの出席要求に対しては、会期ごとに文書で出席者の届出を提出する運用がなされています。

　なお、委員会への説明員の出席は、委員長からではなく議長を経て出席の要求があります。これは、**議会の代表権は議長にある**ことが理由です。ただ、委員会の場合は、単なる出席の要求であるため、本会議のように法的な出席義務を負わないところが異なる点です。

※昭和33年3月31日行政実例

第 2 章　これだけは知っておきたい！　議会の基礎知識

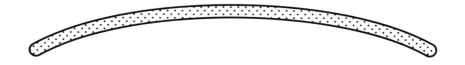

5

議会における「休憩」
≠単なる「休み時間」

「休憩」という言葉を辞書で調べると「仕事や運動などを一時やめて、休むこと」とあります。実際に、「休憩しよう」と言われて、多くの人が思い浮かべるのは、「少し身体を休める」ということでしょう。ただ、議会で議長や委員長が宣告する「休憩します」は、しばらく身体を休めましょうという意味だけではありません。**議会での「休憩」とは、一定時間休止することを意味します。**

　このため、説明員として出席している時に「休憩」が宣告された場合は、食事や休息以外に、説明員の交代や非公式な場でさまざまな調整を図るために一定時間休止しているということを理解しましょう。

　例えば、長が提出した議案に対して、付託された委員会で紛糾した場合、委員長は休憩を宣告し、執行機関の説明員がいない非公式の場で議員間による調整が図られることがあります。また、議場において長対議員や議員間で不規則発言（やじ）の応酬となり、議場が騒然となった場合、議長は議事整理が困難であると認めて休憩し、当日の定められた会議時間が過ぎるまで休憩したまま延会になる場合も稀にあります。
　このような場合、執行機関の説明員は事情がわからないと置いてけぼりのように感じるかも知れません。「休憩」は会議規則に定められていますので、一読しておくとよいでしょう。

第2章 これだけは知っておきたい！ 議会の基礎知識

6

安易な179条専決処分には要注意

「専決処分」とは、**重要な案件を議会を通さずに、例外的に長が議会の議決に代わり意思決定すること**です。

自治法179条は、専決処分できる理由の1つに「普通地方公共団体の長において議会の議決すべき事件について特に緊急を要するため議会を招集する時間的余裕がないことが明らかであると認めるとき」と規定しています。

この「時間的余裕がない」ため、専決処分する例として、国の補助事業による住民への給付金支給に係る補正予算があります。特に、コロナ禍以降、国は自治体に速やかな給付金の支給を要請しました。交付申請から事業完了までの期間があまりに短く、議会で議決していると執行に影響するとの理由から、一部の自治体で専決処分する例が散見されました。

確かに、専決処分すれば速やかな執行が見込まれ、議会へは後の報告でよく、職員の負担は軽くなります。仮に、専決処分が議会で不承認になっても長の政治的責任が残るだけで、処分の効力は有効であると解されています。**職員の立場としては、緊急時ほど専決処分したい誘惑にかられる**のです。

ただし、自治法101条7項但書きで、緊急を要する場合、長はすぐに議会を招集告示できると定められており、**「議会を招集する時間的余裕がないことが明らかである」**とは考えにくいといえます。安易な専決処分は執行機関の信頼を貶めかねません。議会を招集して審議してもらうのが賢明といえるでしょう。

第2章 これだけは知っておきたい！ 議会の基礎知識

7

住民やマスコミへ
先に周知したら
議会軽視と叱られる!?

「議会軽視」とは、長や執行機関が議会の存在を軽んじている（と思われる）行為に対して、議会側が使う非難の言葉です（一部、議員に対して使う場合もあります）。

　この言葉が発せられるパターンとしては、①**長提出議案等で単純ミスが繰り返された場合**、②**長と議会が対立して議会の意見を聞かずに長が独善的な振る舞いをした場合**、③**執行機関が重大な案件を議会より先に住民やマスコミに周知した場合**など、実にさまざまです。

　議会が軽視されたことへの議会側の対応としては、軽→重の順に、長（執行機関）に対して反省や行動を要請する決議、100条調査権の発動、長への問責決議または自治法178条不信任の議決となる場合があります。

　長と議会の関係性もあるので、執行機関の一職員がどのように振る舞うのか難しい面もあります。しかし、**後から議会軽視と言われるより、事前に情報提供や根回しをしておくことは、結果的に自身にとってプラスになります。**
　管理職になったら、議会対応は業務として必須です。良いこと悪いことを含めて「長のみならず議会へも事前に報告が必要ではないか」と常日頃から意識しておきましょう。

第 2 章　これだけは知っておきたい！　議会の基礎知識

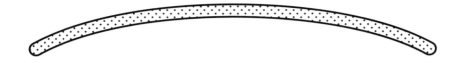

8

行政視察への随行は議員を知るチャンス

自治体にもよりますが、議長から長に対し、議会の行政視察（常任委員会等の調査活動の一環として、他自治体の先進地へ赴き事例研究すること）に執行機関の職員を随行してほしいと依頼される場合があります。

　一般的には、委員長と議会事務局の担当書記であらかじめ視察先を調整し、委員会での決定後に、担当書記から執行機関の担当部署へ打診する流れで行われます。

　本来は、議会による行政視察であり、執行機関の職員を随行させること自体、不自然かもしれません。それでも随行させる理由としては、**①視察項目が当該自治体にとっての行政課題であり、執行機関の職員を随行させることで先進自治体の事例を共有できる、②視察先で説明を受けた後、随行した職員からより専門的な質問が期待できる**といった点が挙げられます。

　多くの場合、議会の視察に随行するのは、議会対応にあたる課長級職員です。視察の随行に抵抗を感じる職員も少なくないと思いますが、このような依頼が来たら、ぜひ積極的に参加しましょう。なぜなら、**①視察した情報を議員と共有することで、自身の業務知識も向上する、②議員に同行することで、個人的な関係が構築できる、③議会費の予算で先進地視察ができる場合がある**などのメリットがあるからです。

　特に②は、普段なかなか接することがない議員の考えや人となりに触れる絶好の機会です。気遣いや配慮は必要ですが、今後の議会対応に役立つ貴重な経験になるでしょう。

COLUMN 2

議会事務局職員と
執行機関職員の関係は呉越同舟!?

　議会事務局職員の任免権は、自治法138条5項で議長に専属しています。議会事務局職員の人事異動は、議長の裁量で行われるのが本来ですが、実際は、長の人事権に基づき執行機関の職員が議会事務局への出向となり、議長はそれに沿って任免します。

　新規採用で議会事務局に配属された職員を除くと、議会事務局の職員も元々は執行機関にいたわけですから、教育委員会事務局や選挙管理委員会事務局などの行政委員会に配属される職員と同様、執行機関の職員がしばらく別の部署で働いているとの認識かもしれません。

　しかし、憲法93条に規定された議事機関と自治法7章に規定された執行機関とはまったく別の機関です。このことから、新年度に議会事務局へ配属が決まった時点で、職員は執行機関に対峙するくらいの気概が必要です。しかし、現実には、議会事務局へ異動したら議会のために一所懸命働く職員もいれば、いつか執行機関へ呼び戻される身なので、本気で議会のために働くことに躊躇する職員や、議会の風土が合わないので早く執行機関へ戻りたいという職員がいるという調査結果がありました。

　そう考えると、議事機関と執行機関の職員は、同じ仲間ながら別の考えを持つ同床異夢ではなく、敵対する間柄ながら目的のために協力する呉越同舟のような関係なのかもしれません。

第3章

最終的な意思決定の場！
本会議に臨む心構え

第3章 最終的な意思決定の場！ 本会議に臨む心構え

1

頭に叩き込んでおくべき本会議の流れ

定例会（本会議）の流れは、自治法や会議規則で次のように定められています。

> ❶長による議会の**招集告示**
> ❷議員は、議長に（名前の掲示物等で）**応招通告**して議場に参集、長以下説明員も定刻までに出席
> ❸議長による**開会宣告**
> ❹**会議録署名議員の決定**（議席順の場合が多い）
> ❺議会の活動期間である**会期の決定**
> ❻配布された議事日程（議長が作成した会議に付す事件と順番等を記載したもの）に従い、議長が**議事進行**
> ❼長による**上程議案の趣旨説明**または議員による**請願等についての趣旨説明**
> ❽**議案質疑や一般質問**
> ❾所管の委員会へ**議案等の付託**（本会議休会により委員会を開催）
> ❿委員会報告書の議長提出により議案が本会議に戻り、**審査の経過と結果について委員長から報告**
> ⓫**委員長報告に対する質疑**
> ⓬議題となっている事件に対し、**議員が賛否の意見表明をする討論**（委員外議員はここで最終態度を決定）
> ⓭議員による**表決**
> ⓮議長による**閉会宣告**

各議会の運営に大差はないものの、その他、当該議会で過去から続く先例や申し合わせなどの独自のルールを設けて運営している場合もあります。事前に確認しておきましょう。

第3章 最終的な意思決定の場！ 本会議に臨む心構え

2

本会議に出席する説明員は議会ごとに異なる

説明員は、自課に関係する議案や質問がなくても本会議に出席しなければならないのでしょうか。

　まず、一般質問に対する答弁については、ほとんどの議会で執行機関の説明員は全員出席していると思います。これは、**一般質問の範囲が当該団体の行政事務全般に渡る**ためです。議長からの出席要求に対しては、会期ごとに文書で出席者の届出を提出しますが、出席させる説明員全員の名前が記されています。

　次に、議案の有無による出席の是非については、自治体ごとに対応が異なります。例えば、議会の臨時会で提出する議案の内容が一部の担当部署にとどまる場合、長と当該部署の説明員だけ出席する自治体もあれば、説明員全員を出席させる自治体もあります。

　近年、いくつかの議会では、これまでの四定例会制ではなく、会期を1年間通して開く**「通年会期制」**を採用しています。会期が1年間でいつでも会議を開くことができるようになると、長や職員が会議に出席するのは大変になることから、「議場への出席を求めるに当たつては、普通地方公共団体の執行機関の事務に支障を及ぼすことのないよう配慮しなければならない」（自治法121条2項）と規定されています。

　出席説明員の範囲については、あらかじめ議会と総務系部局で取り決めをしていると思いますので、確認しましょう。

第 3 章　最終的な意思決定の場！　本会議に臨む心構え

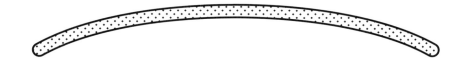

3

議長による指名なくして 議員も説明員も発言できない

普段、執行機関の職員による会議は、発言時間の順番や発言の長さなどはそれほど気にせず、自由闊達に議論していると思います（もちろん、会議時間が決まっている場合は別ですが）。

　一方、議会の会議は、少し趣旨が異なります。
　まず、**議会運営では能率性や簡明であることが重要視されます。**そのため、一人の議員や説明員がダラダラと発言して時間を浪費することは許されません。
　議長は、会議を取り仕切る役割であり、秩序ある議事進行が課せられています。このことから、議長専属の議事整理権[※1]と秩序保持権[※2]に基づいて議員に発言を許します。

　また、発言は一人ずつ行うことが原則とされています。執行機関もこれに拘束されるため、**議長が指名するまで発言することはできません。**発言が許されても、発言内容は簡明でなければならず、議題外の発言をすることはできません。
　議会デビューして間もない職員は、指名されることに慣れていません。そこで、なぜ議長が指名しているのかを理解することで、少し心に余裕が生まれてくるでしょう。

[※1] 議事日程決定、開議・議題宣告、審議の進行管理、散会・延会宣告等、議長に与えられた権限
[※2] 議会の権威を保持し、会議の運営を円滑に進行させるため、議長に与えられた権限

第 3 章　最終的な意思決定の場！　本会議に臨む心構え

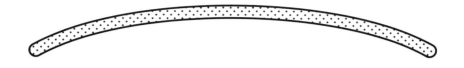

4

本会議が
「八百長と学芸会」と
言われた理由

平成19年の地方分権改革推進委員会で片山善博元鳥取県知事が地方議会の運営を「**ほとんどの議会で八百長（著者注・結論ありき）と学芸会（著者注・あらかじめ決まっている質問・質疑書と答弁書の読み合い）をやっている**」と述べました。確かに、議員と執行機関がぶっつけ本番、真剣勝負で議論しあうことは、討議の場として本来の姿であり、氏の発言は地方議会の実態について正鵠を射ています。ただ、執行機関から委任または嘱託を受けた説明員（部下職員）には政治的決定権がないため、ぶっつけ本番となるとほぼ長等が答弁することになりかねません。質問や質疑と答弁がかみ合わず、議論が成立しないおそれもあります。

　例えば、一般質問の趣旨は、議員が住民の立場で行政全般について質問し、長等の見解を問うことです。傍聴者や会議録のことを考えると、予定調和になるとしても質疑書と答弁書の読み合いは致し方ないと思います。
　全国の地方議会で議会基本条例制定と議会改革が拡がり、一般質問は論点及び争点を明確にする目的で、従来の一括質問一括答弁方式が減り、一問一答方式で行う議会が多数派となりました。**一括質問一括答弁方式では、質問群の中で論点をぼやかすことも可能ですが、一問一答方式は、質問と答弁の応酬なので、都度答弁が止まるおそれがあります。**このことから、事前のすり合わせがなくなると議員も困ることになります。このような事情から、現在も質疑書と答弁書の読み合いが常態化しているのです。

第3章 最終的な意思決定の場! 本会議に臨む心構え

5

説明員の答弁は「文書」でもできる

一般的に、議員からの質問や質疑に対し、説明員は口頭で答弁を行います。これは、議会が言論の府であることが関係しています。議会は意思決定機関であり、しっかりと話し合う熟議での意思決定が必要です。このことから、答弁も口頭で行うことが原則とされています。

　しかし、答弁内容によっては、直ちに答弁しがたい場合もあります。その場合は、**口頭による答弁ではなく「答弁書」という形で文書を提出することが可能**です。答弁書の規定は、市議会の会議規則のみで、都道府県や町村の会議規則には規定がありませんが運用で行うことは差し支えないと解されています。
　気をつけたいのは、数字の根拠などを聞かれて答弁に窮した際、議員から「後ほど文書で回答していただいてもかまいません」と要求されたとしても、**口頭で答弁するか答弁書を提出するかは説明員が決めることであり、議員側に選択権はない**点です。思わず「後ほど文書で……」と答えたくなるかもしれませんが、場合によっては議員による資料要求をその場で承諾したとみなされるため、注意が必要です。

　そのほか、国会では政府への文書質問文書答弁制度がありますが、地方議会の標準会議規則には規定していません。ただし、各議会で別途規定しているところもあります。当該議会で文書質問文書答弁制度を取り決めているか確認しておくとよいでしょう。

第3章 最終的な意思決定の場！ 本会議に臨む心構え

6

説明員はあくまで役割、焦らず慌てず淡々と

議事堂※は、庁舎内でも別棟や別フロアに設けられています。管理職になって出入りするようになると、壁に飾られた歴代議長の写真や趣のある装飾など、まさに「権威の象徴」を感じる造りです。中でも議場は、議会の中心となる神聖な会議の場所と位置づけられています。議員はもちろん、長以下の説明員が揃い、傍聴者もいると緊張感が漂います。

　本会議への出席経験が少ない説明員がこの雰囲気に呑まれると、「もし間違った発言をしたら訂正は可能だろうか」「議員から想定外の質問をされたらどう対処すればいいのか」、果ては「急な腹痛に襲われても終わるまで我慢しなければいけない？」……等々、いろいろな不安を抱きがちです。

　でも、安心してください。**本会議に出席する職員は、説明員という与えられた役割を演じているにすぎません。**
　たとえ議員から答弁内容に異論を唱えられたとしても、それはあくまで執行機関としての見解を否定されただけであり、説明員個人の考えを否定されているわけではありません。間違った発言をしたとしても会期内であれば取消しや訂正も可能です。
　説明員という役割としての自分と素の自分は別であると捉えて、泰然自若で臨みましょう。

※議会活動を行うための議場や委員会室等、議会の物理的な場所

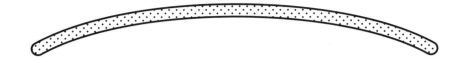

第3章　最終的な意思決定の場！　本会議に臨む心構え

7

公の場で議員の 「面子」は潰すべからず

本会議に説明員として出席すると、長や説明員に対して容赦ない質問や激しい口調で責め立てる議員に遭遇することがあります。長と議員の対立、政策への不満、野党議員故の疎外感、議員個人の性格等、さまざまな事情によります。政治的なパフォーマンスを含むとはいえ、激しく口撃されると、議員に対して辟易とした気持ちや遺恨が残ることもあるでしょう。

　気をつけたいのは、**負の感情を抱いても議員の面子を潰すような答弁は避ける**ことです。「さすがにそんなことをする職員はいない」と思うかもしれませんが、職員も人間、公の場でのアンガーマネジメントは重要です。想定外の答弁で議員に不意打ちするようなやり方は、職員本人の溜飲は下がるかもしれませんが、長い目で見るとプラスにはなりません。

　議会の使命は監視と批判であり、議員は住民代表としての考えに立脚して提案している自負があります。ですので、**たとえ偏った主張や受け入れがたい提案であっても、まずは聴いて受け止める**姿勢が求められます。

　このような場面で取り入れたい手法は、**アサーティブコミュニケーション**です。相手（議員）の考えを尊重したうえで、自身の感情や思いを抑圧することなく自己主張を行う手法で、誠実・率直・対等・自己責任の4つの柱があります。詳しく知りたい方は、アサーティブコミュニケーションで検索してみてください。

第3章 最終的な意思決定の場！ 本会議に臨む心構え

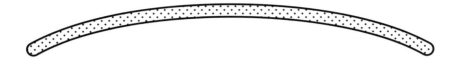

8

言われっぱなしを防ぐ伝家の宝刀「反問権」

前項で述べたとおり、議員の「面子」は潰してはいけません。では、執行機関は議員から言われっぱなしの状態でも仕方がないのでしょうか。

　自治法121条は、「議会の審議に必要な説明のため議長から出席を求められたときは、議場に出席しなければならない」としており、長等の発言は議会から求められた内容にとどまるとされています。
　ただ、近年の議会改革により、執行機関が、議長の許可により議員の質問に対して、**論点・争点を明確にするため逆質問することができる「反問権」を規定している議会が増えてきています。**日本で最初に議会基本条例を制定した栗山町議会では、「議長から本会議及び常任委員会、特別委員会への出席を要請された町長等は、議員の質問に対して議長又は委員長の許可を得て反問することができる」と規定しています。

　反問権は、**単なる意味の確認にとどまるものと、完全に逆質問を認める反論的なものの2種類**があります。ただ、よほどのことがないかぎり、反問権が行使されることはありません。反問権を行使できる対象者も長等だけに限る場合と、説明員全員が行使できるところもあります。
　議会基本条例や会議規則に反問権の条文を規定している議会としていない議会があります。備えあれば憂いなしということで、議会事務局に規定の有無を確認しておきましょう。

COLUMN 3

本会議にジャケパン出席で叱られた⁉

　本会議や委員会には、どのような服装で出席していますか。
　夏場は、自治体でもクールビズが一般的ですが、議場に限っては上着の着用を先例で課している議会もあります。一方、委員会は男女とも上着は着用せず、男性はネクタイを外すなど、軽装でも可の運用が多いと思います。ただし、軽装可とはいってもやはり議事堂ですので、襟付きのボタンシャツやプレスの利いたパンツ、スカートを着用するなど、会議規則に定められた議会の品位を欠くことのない装いが説明員にも求められます。
　それ以外の季節は、男女問わず黒やグレーといった目立たないスーツを着用して出席されている説明員が大多数ではないでしょうか。
　最近は、ジェンダー平等や多様性の観点から議会の服装に関する先例を見直し、通年で服装の自由化を試みる議会もあるそうです。昔の議会は、どんなに暑くてもスーツ着用以外は考えられず、本会議にジャケパンで出席した説明員がお叱りを受けていたので、隔世の感があります。
　時代の流れや地球温暖化が装いに変化をもたらしたともいえますが、とはいえ、おしゃれと身だしなみは別物です。個性を出したいのであれば、プライベートの服装で着飾ればよいのです。また、軽装になればなるほどラフになりがちなので、むしろ清潔感が必要となります。
　議会の品位を尊重した服装は、あなたの発言の重みも増すと心得ましょう。

第4章

一般質問・質疑対応は「準備」が9割！
答弁のポイント

第4章　一般質問・質疑対応は「準備」が9割！　答弁のポイント

1

議会答弁は 「段取り八分、仕事二分」

議員から「次の定例会で◯◯の件を一般質問するので、議長へ発言通告前にすり合わせをしたい」と打診を受けたら、担当者を連れてヒアリングをすると思います。
　議員とのすり合わせの研修は聞いたことがないので、経験が浅いうちは、先輩や上司を参考にするしかありませんが、不安な方に向けてヒアリングのポイントをお伝えしましょう。

　まず、**なぜこの会期中に議員がその質問をするのか**を探ります。市民の執行機関への不満に端を発している件なのか、当該議会のみならず国会や他の議会でも取り上げられている件なのか、終戦の日や敬老の日といった毎年の行事に絡めた定例的な件なのか。それによって答弁の目星をつけます。

　次に議員の出方をうかがいます。ほぼ質問原稿まで固めていて、シナリオどおりの答弁を求める準備万端タイプなのか、「こんな内容の質問をしたいんだけど…」と言いつつ、職員との話し合いで固めていくざっくりタイプなのか。中には、通告の件名は決めているものの、中身はノープランといった議員や、すり合わせはせずに爆弾質問と言われるぶっつけ本番での議論を仕掛ける議員もいると聞いたことがあります。

　議員とすり合わせする中で、**答弁の出口（結末）を共有できれば成功**といえます。議員とのすり合わせがうまくいけば、仕事（本会議での答弁）としてはほぼ終わったようなもの。まさに「段取り八分、仕事二分」です。

第4章 一般質問・質疑対応は「準備」が9割！ 答弁のポイント

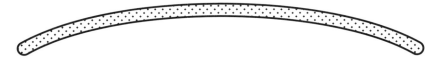

2

政党指示による質問は他議会会議録にヒントあり

国会議員は、政党所属の割合が高いのに対し、地方議員は少し異なります。総務省の調査※によれば、政党所属の割合は、都道府県議会議員79％、市区町村議会議員31％となり、特に市区町村議会では無所属議員の割合が高い傾向です。

　政党に所属しながら地域で活動する地方議員の場合、地域に根ざした質問とは別に、**所属政党の指示で一般質問を通告してくる場合**があります。内容はさまざまですが、国政で問題となっている案件や、政党として力を入れている事項（福祉や環境の政策等）の質問がよくあります。

　このような質問通告に対し、地域の実情や近隣自治体との整合等との関係で答弁書の作成が難しい場合もあります。その場合は、**一から答弁書を作成しようとはせず、まずは他の議会や国会において同内容の質問と答弁がないか、インターネットで会議録を検索してみる**のがおすすめです。
　この手法は、全国の所属地方議員に対し、特定の定例会の一般質問で一斉に質問するよう指示が出されている場合は使えませんが、既に他の議会で同内容に対する答弁がある場合は、大いに参考になります。また、国会での質問と答弁も予備知識として知っておくと、より深い答弁書が作成できます。

※地方公共団体の議会の議員及び長の所属党派別人員調等（令和5年12月31日現在）

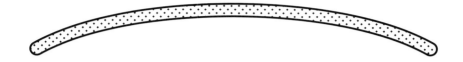

3

なぜ、答弁担当の「割り揉め」が起こるのか？

職員なら一度は経験したことのある「割り揉め」。未知の業務や担当部署が曖昧な時に起こる揉めごとです。

　一般質問のために議員とすり合わせができていれば、このような割り揉めは起こらないのですが、ノーマークの質問通告だったり、1つの質問通告に複数の部署が関連する内容が記載されていると、答弁の取りまとめ課（総務系が多い）の割り振りに対し、**「これは、○○部の内容が主なので、△△部でなく○○部に振り直してほしい」**と申し入れがされます。振られた側の部がすんなり受け入れれば問題はないのですが、そうならないと当事者（部）間で揉める原因となります。

　「質問通告書が曖昧だから割り揉めが起こる。議会事務局がもっと関与して議員にしっかり要旨を書いてもらうべきだ」との意見もありますが、これは適当ではありません。
　なぜなら、**議会事務局は、議長が能率的な議事運営ができるように質問通告書が適正に書かれているかチェックするのが業務**だからです。また、質問要旨から適当な答弁者を選ぶのは執行機関が考えるべきことであり、議員にとっては長以下のどの説明員からでも適正な答弁が聞ければ事足りるからです。
　割り揉めを防ぐには、議員が質問通告書を議長へ提出する前にどの部署にどのような内容で質問したいのか、情報を少しでも早く察知する。このことに尽きるでしょう。

第4章　一般質問・質疑対応は「準備」が9割!　答弁のポイント

4

議員の質問は「核心」を探る

定例会が始まる頃になると、「〇〇議員が△△の件を一般質問するらしい」とか、「一般質問の準備のために□□の件について議員からレクを頼まれた」といった話が管理職の間で出回ります。
　議員が一般質問をする動機はさまざまですが、目的は、**長が執行する行財政について所信や疑義を質すとともに、新規に政策を提案したり、変更を要求したりして、長の政治責任を問うこと**です。

　一般質問は、議員にとって、付託を受けた住民の関心事を議場で直接問い質すことができる晴れの舞台。そのため、**自分の一般質問で執行機関からいかに有効な答弁を引き出せるか**に腐心します。実際に、「執行機関を動かす質問の仕方」のような議員研修も存在します。

　一方、会議録に登載される質問と答弁は大変重いものとなるため、執行機関としては、慎重な答弁になりがちです。ですので、議員とすり合わせをする際は、発言通告には表れてこない、議員の質問の核心を探ることが重要です。議員と顔をつきあわせる中で、一般質問で執行機関からどのような答弁を引き出したいのかを丁寧に聞きとりましょう。それにより長等の答弁スタンスが変わるので、**どのラインを妥協点とするのかを見極める**必要があります。

第4章　一般質問・質疑対応は「準備」が9割！　答弁のポイント

5

議員の一般質問に「すべて」答弁する必要はない

議員の一般質問には、すべて答弁しなければいけないと思っていませんか？　実際には**答弁を留保してもよい場合があります。**

　まず、**一般質問の対象や範囲を超えた質問をしてきた場合**です。標準会議規則では、「議員は、（県・市・町村）の一般事務について、議長の許可を得て質問することができる」旨を規定し、対象や範囲を定めています。
　対象外の例として、地方公社や一部事務組合の業務については、当該団体への出資や理事への就任等、密接な関係にあったとしても別の団体であることから、質問することは一部を除き認められないと解されています。
　もし、議員が対象や範囲を超えた質問通告をしてきた場合、議会事務局で内容を精査したうえで、議長が質問通告を認めません。このことから、一般質問で対象や範囲を超えることは基本的に考えにくいでしょう。

　一方、時々起こりうるのは、**質問通告制をとっているにもかかわらず、質問中に議員が一方的に質問内容を変更する場合**です。
　例えば、自身より前の議員の質問と説明員の答弁を聞いて突然質問内容を変更したり、引用して通告外の質問をしてくる場合です。執行機関は、すぐに答弁することが難しいので、答弁を留保してもかまいません。なお、このような質問が過度に続くと、議長が注意や発言中止を命じる場合があります。

第4章 一般質問・質疑対応は「準備」が9割! 答弁のポイント

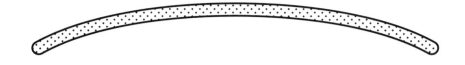

6

議員による答弁者の指定は「あくまで希望」

発言通告書（議員が一般質問や質疑を行うために発言内容の要旨を記入して議長へ提出する用紙）の様式には、「答弁を求める者」という欄があります。

　この欄には、議員が答弁をしてもらいたい長や説明員の肩書（○○部長等）が書いてあります。この欄に名前が書かれていると、「○○部長等は指定されているのだから議場で答弁をしなければならない」と思われがちですが、そうではありません。**発言通告書における答弁を求める者の指定はあくまで議員の希望にすぎず、執行機関はこれに拘束されません。**

　同じように、議場において議員から「この件について、○○部長お答えください」と名指しで指定された場合も、指定された説明員が必ず答弁する必要はありません。誰が答弁するかは、執行機関がその場で判断すればよいのです。理由としては、そもそも議員が所管部署を勘違いするなど誤った指定をしたり、○○部長等に代わって長や副知事・副市町村長等が答弁することもあるからです。
　ただし、議員とすり合わせ済みでどの説明員が答弁するのかがほぼ決まっている場合は、もちろん当該説明員が答弁すれば問題ありません。

　体調不良等の正当な理由により、執行機関の説明員が欠席することもありうるため、**誰が答弁するかは議員に拘束されるものではない**ことを理解しておきましょう。

第4章 一般質問・質疑対応は「準備」が9割！ 答弁のポイント

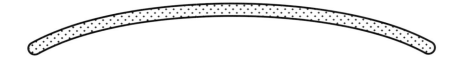

7

答弁は「二段階上役」の つもりで考える

一般質問では、議員が答弁者を指定できません。ただ、実際は、「この範囲は、部長で答弁してほしい」「最終質問は、長へ確認する」といったすり合わせが図られています。
　これを受けて、所管部署で原案を作成し、所属長の確認を経て答弁調整会議等において最終的な答弁書として決定する、といった作法がとられています。

　では、どんな視点で答弁書をまとめればよいでしょうか。
　答弁書原案は、**①部下がすべて作成、②部課長自身がすべて作成、③部下の原案に部課長が加筆修正**等、自治体や職員によってさまざまです。長や副知事・副市町村長等の答弁書は、上役としての答弁内容が求められるため、意向も確認しつつ作成や修正を行います。部課長の答弁書は、自分の権限の範囲で考えたり、チェックしたりすると思いますが、あえて「二段階上役」のつもりで答弁を考える癖を持ちましょう。部長なら長の視座、課長なら副知事・副市町村長の視座を持つことは、民間企業でも活用される人材育成の手法です。

　執行機関は、部下職員に対しては「委任」し、部下職員以外の者へは「嘱託」して、議場で説明させます。つまり、本来は、長や行政委員会の委員長等が答弁すべきところを部下職員に任せて答弁させているわけです。ですので、**たとえ部課長の答弁であっても「二段階上役」が答弁するつもりで原稿作成やチェックする**とよいでしょう。

第4章 一般質問・質疑対応は「準備」が9割! 答弁のポイント

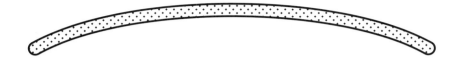

8

「自己の意見」には
安易に答弁しない

標準会議規則では、「議員は、質疑に当たつては、自己の意見を述べることができない」と規定されています。質疑とは、議題となっている事件について、議員が賛成・反対・修正の意思決定をするため、議案等の提出者に疑義を質すための行為だからです。

　ここでいう「自己の意見」とは、討論で述べる賛成や反対の表明のようなことです。そのため、**賛成や反対とまではいかないまでも、自身の考えを述べて質すことは限定的に認められる**と解されています。

　ただし、この限定的に認めるかどうかを議長が判断することは容易ではありません。「私は、○○について賛成（反対）だが……」と議員がはっきりと発言していないかぎり、線引きはしにくいのが現状です。質疑で議員が持論を展開しつつ、説明員に答弁を求めてきた場合、あまりに自己の意見を述べすぎていると判断されれば、議長が議会事務局長と相談して注意するかもしれません。ただ、注意がないまま、質疑が続く場合も往々にしてあるでしょう。

　この場合の防御策は、答弁者が議員の意見に引っ張られないことです。つまり、**賛成や反対の表明に対する答弁は避けて、質された疑義にのみ答弁する**ことです。繰り返しますが、質疑とは議案提出者に不明確な点を質すためのもの。この点をしっかりと押さえて答弁に臨みましょう。

第4章 一般質問・質疑対応は「準備」が9割！ 答弁のポイント

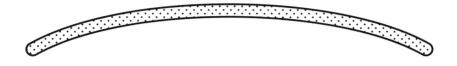

9

答弁内容を間違っても訂正・取消しは可能

説明員が答弁書どおり読み進めていくだけなら、答弁内容を誤って発言することは滅多に起こりません。ただ、稀に勘違いして発言したり、ページを飛ばしたりしてしまうことがあります。また、想定外の質問を答弁書なしで答弁をした場合にも、誤って発言してしまうことがあるでしょう。でも、安心してください。

　標準会議規則では、「発言した議員は、その会期中に限り、議会の許可を得て発言を取り消し、又は議長の許可を得て発言の訂正をすることができる。ただし、発言の訂正は、字句に限るものとし、発言の趣旨を変更することはできない」旨を規定しています。"字句に限るもの"ですので、**軽易な言い間違い程度であれば訂正で済みます。**一方、発言の内容が変わってしまう重大な誤りの場合は、発言自体を取り消す（なかったことにする）必要があります。それゆえ、発言の訂正は議長の許可ですが、発言の取消しは議会の許可を要します。
　「標準会議規則には"発言した議員は"とあるから、執行機関には当てはまらないのではないか」と疑問を持たれた方は鋭いです。
　会議規則は、**あくまで議員を対象としているため、執行機関の発言訂正や取消し制度ではありません。**ただ、実際の運用では、議員に準じた発言訂正や取消しの申出で処理されます。なお、執行機関が発言の訂正や取消しを行うかどうかは、執行機関の自主性に任されています。

COLUMN 4

議会の会議は「原則」だらけ!?

　執行機関とは異なり、議会には会議原則なるものが存在します。会議原則とは、ざっくり言うと「会議の運営はこのように行うべき」と定められた法則です。長い歴史の中でいかに会議を能率的に行うことができるかをあみ出し、基準として定めたものとなります。

　では、どのような会議原則が存在するのでしょうか。①議事公開の原則、②定足数の原則、③議員平等の原則、④過半数議決の原則、⑤一事不再議の原則、⑥発言自由の原則、⑦現状維持の原則、⑧可とする方を諮る原則、⑨会期不継続の原則、⑩委員会審査独立の原則、⑪討論交互の原則、⑫議案不可分の原則、⑬一議事一議題の原則、⑭公正指導の原則、です。紙幅の都合で内容までは踏み込みませんが、執行機関に直接関係するであろう原則は、①④⑤⑦⑧⑨⑩⑫となります。

　これらの会議原則は、自治法や会議規則、委員会条例で定められている拘束力が強い原則のほか、法令には規定されておらず拘束力が弱い原則もあります。また、「原則」と名付けられているとおり、特定の事情がある場合やこれらの原則以外の規定が設けられている場合は、例外も認められることになっています。

　執行機関の職員は、「議会の会議はこんなにもたくさんの原則のもとで運営されているのか」くらいの気持ちで知っておいていただければ十分です。

第 5 章

臨機応変に議論を尽くす！
委員会のセオリー

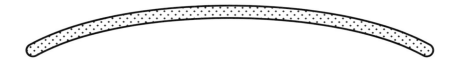

第5章　臨機応変に議論を尽くす！　委員会のセオリー

1

難しい案件ほど 「事前の根回し」を尽くす

議案の中には、提出したら議員から厳しい指摘をもらう、または否決されるかもしれない難しい案件があります。

　このような難しい案件については、議案として提出する前に全員協議会等の開催を要請し、事前説明を行う自治体もあります。ただ、議案として上程する前に全員協議会等で説明や答弁をすることは、事前審査にあたるとして否定的な解説書もあります。なぜなら、**委員会に付託された時には質疑が出尽くした状態であり、形式的な審査となるため**です。しかし、職員としては、いきなり委員会で説明して議員から厳しく指摘されるよりは、全員協議会等で先に意見を出してもらったほうが安心して委員会に臨めるでしょう。

　ただ、全員協議会等で説明が可能かどうかにかかわらず、事前の根回しは尽くすべきです。なぜなら、**議員の立場としては、難しい案件を簡単に通すこと自体、執行機関を監視し批判する役割を自ら放棄することになり、公の場で指摘しないわけにはいかない**からです。

　もし、自治体のルール的に可能であれば、非公式に会派等へ個別に説明をしておくだけで、その後の展開はかなり違ったものになるはずです。「議員への根回し」と聞くと、あまり良い印象を持たないかもしれませんが、**根回しは目的の実現のために必要な方策**です。むしろ積極的に根回しを尽くすことをおすすめします。

第5章 臨機応変に議論を尽くす！ 委員会のセオリー

2

押さえておきたい「委員会付託」の流れ

ここでは、一般的な常任委員会への付託について確認します。なお、常任委員会の権限として、調査権[※1]と審査権[※2]がありますが、今回は審査権に基づく流れとなります。

> ❶委員長による**委員会招集**（原則、会期中に限る）を議長へ通知
> ❷議長が長へ**出席要求**（委員長に出席要求権はない）
> ❸招集日時に**議員（本来は委員と言う）及び執行機関の説明員が出席**
> ❹委員長による**開会宣告**（事件を議題とする）
> ❺説明員による**議案説明**（委員会に長は出席しない自治体が多い）
> ❻**議案質疑**を行う
> ❼委員による議案修正発議（連合審査会を行う場合あり）
> ❽議題に対し、**議員が賛否の意見表明をする討論**
> ❾議員による表決（委員会は本会議と違い過半数議決のみ）
> ❿委員長による**閉会宣告**
> ⓫委員長が**委員会報告書を議長へ提出**
> ⓬本会議に戻り、**審査の経過と結果を委員長が報告**

　以上の基本的な流れは、自治法109条2項や会議規則、委員会条例で決まっていますので、事前に確認しておきましょう。

[※1]所管事務調査、自治法100条に基づく調査
[※2]議案、請願等を審査する権限

第5章 臨機応変に議論を尽くす！ 委員会のセオリー

3

質疑を受けたら まず「承認」する

委員会に説明員として出席していると、他の職員の答弁を聞く機会があります。第三者的に答弁を聞くことで「この職員の説明はわかりやすいな」とか「今の答弁では議員の理解は得られにくそうだ」と思ったことがある方もいるでしょう。

　議員が質疑する意図を汲み取りつつ、しっかりとした答弁の印象を与える技術として、コーチングでも使われる「承認」の手法があります。
　議員からの質問に対して、「**○○についてご質疑いただき、ありがとうございます（まずは、質疑をしてきたこと自体を認める）。その件につきましては……**」といった具合です。

　ここでのポイントは、**たとえ執行機関の不備を鋭く指摘するような内容だとしても、問題意識を持って質疑を行っている議員の姿勢を認める**という点です。これにより、議員は自らが質疑している件についての心理的安全性を確保することができます。議員に対して「認める」ということが上から目線で失礼と捉えられるかもしれませんが、あくまで答弁のための技術ですから、気にする必要はありません。

　ちょっとした前置きのフレーズにも聞こえますが、このように承認する姿勢を見せることで、質疑をした議員に対して安心感を与えられると同時に、会話がスムーズになる効果が期待できます。

第 5 章　臨機応変に議論を尽くす！　委員会のセオリー

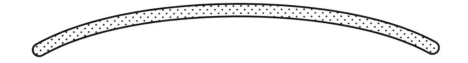

4

委員会答弁は「テンポ」が命

委員会は、本会議のような堅苦しさはなく、自由に発言することができます。このことから、矢継ぎ早に議員から答弁を求められることも珍しくありません。
　答弁が上手な説明員は、テンポよく答弁しています。

> 議　員「〇〇について伺います」
> 説明員「〇〇につきましては、△△です」
> 議　員「では、△△については……」
> 説明員「△△は……」

　こうしたやりとりが間を置かず、流れを切らずに行われるのです。立て板に水の如く答弁できれば素晴らしいものの、必ずしも流暢な答弁でなくてもかまいません。1回の発言は短めに、議員の聞きたい内容を外さず丁寧に答える。このことが重要です。会話のテンポがよいと、スムーズなやりとりが続き、明快な答弁に聞こえるから不思議です。

　逆によくある失敗は、すぐ答弁できずに間が空いて流れを切ってしまうパターンです。議員の問いにすぐ答えが出せない、資料を持っていない、何を聞かれているのか理解できないなどの理由が考えられますが、いずれにせよ、何かしら即座に発言をしたほうがよいでしょう。議員は他の議員との発言バランスを気にしており、自分の発言と答弁の時間が長引くのは嫌なものです。また、間が空くことで議員側にいらぬ不安感を与えてしまいかねません。答弁は、テンポが命です。

第 5 章　臨機応変に議論を尽くす！　委員会のセオリー

5

質議の意図が
わかりにくければ
要約して確認する

多くの議会では、委員会の質疑は通告制をとっていません。委員は、委員長が指名すれば議題の範囲内で自由に発言できますが、どんな質疑をされるか、説明員には直前までわかりません。

　説明員として困るのは、質疑の意図がわかりにくい議員がいる場合です。講演会の後の質疑応答で、持論を長々と述べた後、おまけ程度に質問を聞いてくる参加者と似ています。意見なのか問いなのかの区別がつきにくく、また、最後まで聞かないと何が言いたいのか、聞きたいのかわからず、かといって議員の発言ですので遮るわけにもいきません（長すぎると、委員長から「簡潔に」と注意を受けますが）。

　議員のタイプにもよりますが、自身でも何を話したらよいのかまとめきれていない、同じことを繰り返し述べているが本人は気づいていない、質問よりとにかく自分の意見を主張したい、といった具合です。

　本書では、傾聴の必要性を何度も述べていますが、**発言が長すぎるとさすがに答弁もぼやけがち**です。そのような時は、答弁の冒頭で、**「申し訳ございませんが、ご発言は〇〇と△△についてでよろしいでしょうか」**とあえて要約して確認しましょう。議員に直球では言えませんが、**「話の意図が理解しにくいので整理してから発言してほしい」**というメッセージを送る必要があります。

第5章 臨機応変に議論を尽くす！ 委員会のセオリー

6

質疑されたこと以上に「余計な答弁」はしない

委員会で議員の質疑と説明員の答弁を聞いていて「何か話がかみ合っていないな……」と感じたことはありませんか？
　こうした場合、往々にして説明員の答弁が長く、議員は困惑した様子で、怪訝な表情を浮かべています。

　説明員の答弁が長くなる理由は、**①説明すべき制度や内容が複雑、②当該議員は内容をわかって質疑しているが、他の議員にも理解してもらうために前提から説明が必要、③答弁者自身が説明をまとめきれていない、④説明員が質疑の意味を取り違えてまったく別の答弁をしてしまっている、⑤説明員のよく知っている内容を質疑されたので、つい得意気にリップサービスをしてしまう**、などが考えられます。

　また、これらとは別の理由として、「あえて答弁を長引かせることで核心部分をぼやかし、質疑された論点をずらす」といった高等テクニックを駆使している場合もあります。しかし、これは、長等職位が上位の説明員ならできることで、下位の説明員がすべきことではありません。

　いずれにせよ、質疑されたこと以上に余計な答弁をすることは、議員の質疑時間を奪うだけでなく、論点も不明確になるため、しないことが懸命です。答弁は、**①質疑された点の結論から話す、②説明員視点でなく議員視点に変換して話す、③可能なら数値化して話す**ことで議員に理解されやすい答弁になります。

第5章 臨機応変に議論を尽くす！ 委員会のセオリー

7

答弁しにくい質疑ほど
むしろ肯定的に答弁する

「答弁しにくい質疑」と一口に言っても、いろいろなものがあります。いきなり結論を求める質疑やイエスかノーの二択を迫る質疑、執行機関にとって痛いところを突く質疑、明言しづらいことをわかっていながら、あえて聞いてくる質疑、等々。このような質疑をされると、執行機関としては誤った答弁や不用意な答弁で誤解を招かないように、最小限の答弁にとどめておきたいと思うものです。

　こうした質疑に対しては、「〇〇は難しいものと思われます」「△△の具体的な予定はございません」などと答弁しがちですが、これだけだと、議員から真剣に捉えていないのではないかと思われても仕方ありません。したがって、**答弁しにくい質疑ほどむしろ肯定的に答弁**をしたいものです。

　ここで言う「肯定的」とは、議員が発するネガティブな質疑に慎重な答弁で応えるのではなく、ポジティブに脳内変換して肯定的な答弁で返すことを意味します。先程の場合であれば、**「〇〇は難しいものと思われますが、□□で対応できないか検討したい」「△△の具体的な予定は今のところございませんが、貴重なご意見を参考に△△を研究していきたい」**といった具合です。

　このように脳内変換で返すことは、答弁時に咄嗟にできるものではありません。普段から部下や上司とのコミュニケーションで意識的に訓練することが重要です。

第 5 章 臨機応変に議論を尽くす！ 委員会のセオリー

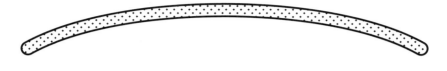

8

イマイチな部下答弁には即座に助け舟を

委員会は、本会議と比べて質疑で詳細な内容を聞かれることから、担当部長（または課長）では答弁が難しい場合もあります。そのため、自治体の規模によっては下位の職員も説明員として出席させる場合があります。
　また、議案説明は上司が行い、後の質疑は原則部下が答弁する自治体もあれば、上司がわかる範囲ですべて答弁し、わからない部分のみ部下に答弁させる自治体もあります。

　いずれにせよ、議員からの質疑を答弁慣れしていない部下に答弁させると、思うような答弁がされないこともあります。そのような時は、即座に助け舟を出しましょう。

　まず、**答弁内容が誤っていると判断した場合**は、発言の取消しを申し出てください。本会議での発言取消しの方法（89ページ参照）と同じです。ただし、真偽を確かめてからのほうがよい場合もあるため、必要に応じて委員長へ休憩を申し出て確認するとよいでしょう。

　次に、**明らかな誤りではないものの、質疑の趣旨に沿っていない、適切な答弁ではないと判断した場合**は、答弁の補足として発言の申出を委員長に願い、軌道修正の答弁をします。この時、質疑した議員に疑義を持たれぬように丁寧な答弁をすることはもちろん、**委員会終了後はなぜあの場面で答弁の補足をする必要があったのか、部下のフォローも忘れずに指導する**ことで成長につながります。

第 5 章　臨機応変に議論を尽くす！　委員会のセオリー

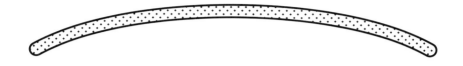

9

手持ち資料がなくても「持ち合わせていない」は禁句

委員会では一問一答方式で質疑と答弁が繰り返されるため、議員から想定外の質疑をされることがあります。そのような事態を避けるためにも、委員会に出席する説明員は、できるだけたくさんの手持ち資料を携え、即座に答弁できる態勢を整えます。それでも決算委員会等は事業が多岐に渡るため、持ち込める資料にも限界があります。

　質疑されたが手持ち資料がない場合でも、「資料を持ち合わせていませんので、答弁できかねます」と述べるのは極力避けましょう。なぜなら、**長（執行機関）が提出した議案なので、議員の質疑内容が議案の範囲を超えないかぎり、答弁できないこと自体が考えにくい**からです。また、説明員が軽々に「持ち合わせていない」と答えることは、質疑した議員の心情面からもマイナスです。

　では、この緊急事態をどう乗り切ればよいでしょうか。まずは、**記憶の範囲内で答弁しきってしまう**ことです。虚偽答弁はいけませんが、何か1つでも答えられることがあれば端的に答弁します。それもまったく思いつかない時や、二の矢の質疑をされた時は、**思い切って、委員長に確認のための休憩を申し入れ、再開後にお詫びしつつしっかり答弁**しましょう。

　なお、予算や決算の委員会で、款ごとに入れ替わる説明員から「資料を持ち合わせていない」が続くと、委員会審査を軽んじていると取られかねないので要注意です。

第 5 章　臨機応変に議論を尽くす！　委員会のセオリー

10

議員個人からの資料要求に応じる法的義務はない

委員会で質疑中に議員個人から「議案書の内容だけでは審査できないので、後ほど資料を提出してください」と言われたら、執行機関は必ず応じなければいけないのでしょうか。結論から言えば、**議員個人からの資料提出要求に対し、執行機関が応じる法的義務は生じません。**

　まず、委員会で質疑中に議員個人が執行機関に資料提出を要求する場合でも、**委員会で必要性を精査したうえで議決し、委員長より資料提出を要求する必要があります。**本会議では、自治法98条の検査権や100条の調査権、122条の予算に関する説明書等の提出義務が規定されていますが、委員会にはそれらの規定がありません。ですので、委員会からの資料提出要求は、法的根拠がない事実上の要求となりますので覚えておいてください。

　次に、委員会が資料要求を決定したからといって**執行機関がすべての資料を提出する義務を負うものではありません。**ただし、委員会で決定しているわけですから、提出を断るには個人情報に抵触する等相当の理由が必要です。審査に影響することもありますので、可能な限り対応する必要があるでしょう。

　このような前提を知っておくだけで、「資料を要求されたから必ず提出しなければ」と慌てる必要がなくなります。

COLUMN 5

反対派かもしれない傍聴人が詰めかけても平静を装う

　どこの自治体でも、規制をかける条例議案やサービスを大幅にカットする予算議案等、住民や団体にマイナスの影響がある議案を議会へ提出しなければならない場合があります。こうした重要議案があると議会の傍聴人は増える傾向にありますが、傍聴人の取扱いはご存じでしょうか。

　本会議は、自治法115条で公開が原則なので秘密会を除き傍聴可能です。委員会は、標準委員会条例で委員長許可制としている議会が多数となっています。

　執行機関の説明員としては、影響のある議案答弁だけでも気が重いところへ、普段は空席もある傍聴席がぎっしり埋まっていれば、それだけで重圧を感じるかもしれません。しかし、気にする必要はありません。標準傍聴規則は、傍聴人の守るべき事項を「議場における言論に対して拍手その他の方法により公然と可否を表明しないこと」「談論し、放歌し、高笑し、その他騒ぎ立てないこと」「その他議場の秩序を乱し、又は議事の妨害となるような行為をしないこと」等と規定し、従わない場合、議長は退場させることができます。

　であれば、静かに傍聴しているかぎり、傍聴人がサイレントマジョリティ（静かな多数派）なのか、ノイジーマイノリティ（声高な少数派）なのかは議員にも説明員にもわかりません。ですので、もし傍聴席が埋まっていたとしても、平静を装い、いつもどおりに答弁をすればよいでしょう。

第6章

議会の審査に応える！
予算決算委員会の攻略法

第 6 章　議会の審査に応える！　予算決算委員会の攻略法

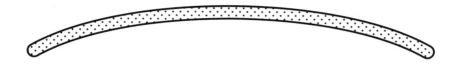

1

3年分の会議録で「経年変化」をインプットする

議会事務局に在籍していた当時、予算決算委員会の担当書記として委員長報告書を作成補助するため、毎年夏の決算審査と春の当初予算審査や補正予算審査を委員会室で聞いてきました。

　そこで得た教訓は、**予算決算の各款項において毎回議員の誰かが質疑しているポイントが存在する**ということでした。
　それは、議員個々の関心領域や得意分野の政策についてだったり、執行機関が長年懸案事項として積み残してきた問題だったりと、少しずつ変化しながらも大体よく似た内容です。

　執行機関に異動してからは、その経験を活かして過去3年分以上の委員会会議録を必ずチェックし、特に懸案事項については、キーワード検索もかけてから委員会に臨むようにしています。これにより、**自分の部署でどのような内容の質疑を受けたのか、前任者やそれ以前の担当者の答弁内容はどうだったのか、経年変化をインプットしておく**のです。このインプットを繰り返すうちに、委員会で**議員が質疑してくるであろうポイントの「当たり」をつけることが可能**になります。

　議会によっては、会議録とは別に予算決算委員会をインターネット配信したアーカイブ映像が残っている場合があります。特に、委員会で紛糾した内容等は、会議録の字面を読むだけでは雰囲気がつかみにくい場合もあるため、可能であれば**アーカイブ映像も合わせて確認しておく**とよいでしょう。

第6章 議会の審査に応える！ 予算決算委員会の攻略法

2

答弁でもたつかない資料整理のコツ

予算決算委員会に部下も説明員として出席させる場合、部下に答弁させるので手持ち資料はあまり持参しないという職員がいます。
　一方で、部下が答弁に窮する場合や議員から想定外の質疑がなされた場合に備え、手持ち資料を可能なかぎり持参したいと思う職員もいるでしょう。

　資料をたくさん持参したとしても、議員からの質疑に対して、「書類を確認しますので、少々お待ちください」と告げ、冷や汗をかきつつ目を皿にして資料を漁る羽目になります。その間は、嫌な沈黙の時間が流れ、質疑と答弁の流れを断ち切ることになります。質疑は、間を空けずテンポよく答弁することが肝要ですから、資料はあらかじめわかりやすく整理しておくべきです。

　予算決算委員会で用いる資料には、予算書、予算に関する説明書、決算書、歳入歳出決算事項別明細書、実質収支に関する調書及び財産に関する調書の他に、自治体で独自に定めた補足資料等があります。**委員会前に、質疑を想定した予習をする際には、インデックスを使った整理が効果的**です。

　やみくもにインデックスを貼るのではなく、前項で記したとおり、**議員が質疑してくるであろうポイントの「当たり」に絞ってください。**整理していくうちにマイルールができ、質疑に必要な資料の勘どころがつかめてくるはずです。

第6章 議会の審査に応える! 予算決算委員会の攻略法

3

決算委員会で検査を求められる場合を想定しておく

自治法98条で議会は、当該普通地方公共団体の事務に関する書類及び計算書を検閲し、当該普通地方公共団体の長等の報告を請求して、当該事務の管理、議決の執行及び出納を検査することができるとして、検査権が付与されています。
　ただし、委員会には検査権が付与されていないため、決算に関する議案が本会議から委員会へ付託される際、併せて検査権を委員会へ委任する場合[※1]があります。
　では、決算委員会において検査を求められる場合、どのような検査となるのでしょうか。

　まず、検査方法は、**書類や計算書の検閲、長等からの報告**となります。執行機関は、正当な理由がなければこれを拒めません。また、委員会に検査権が委任されても実地検査はできず、代わりに監査委員に監査請求して報告させます。

　次に、検査の対象は、**自治事務と法定受託事務のほぼすべて**に及びます。また、具体的な事件を定めなくても、議会が必要と認めれば検査することができる[※2]とされています。対象は、出納関連事務のほか、税務の不納欠損処分など秘匿性の高い情報等も含まれると解されています。なお、検査対象の除外となる事務は、自治令121条の4に規定されていますので確認しておきましょう。

[※1]昭和24年4月11日行政実例
[※2]昭和28年4月1日行政実例

第6章 議会の審査に応える！ 予算決算委員会の攻略法

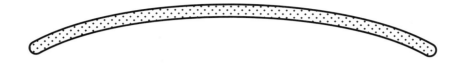

4

どうなる？
まさかの決算不認定

毎年の決算は、議会が一会計年度の歳入歳出予算の執行実績を審査し、収入や支出が適正に執行されたかを審査するものです（自治法233条）。決算議案が審査結果に適合すれば、決算認定されます。**決算認定の意義の1つは、長の執行責任を解除すること**です。

　しかし、予算の説明から実態が大きく乖離していたり、適正とはいえない執行があったりした場合は、不認定になることもあります。ただし、**不認定になっても決算の効力には影響しません。**

　平成29年の自治法改正（233条7項）で「地方公共団体の長は、（中略）決算の認定に関する議案が否決された場合において、当該議決を踏まえて必要と認める措置を講じたときは、速やかに、当該措置の内容を議会に報告するとともに、これを公表しなければならない」と規定されました。

　ただ、不認定になったとしても措置を講じるかどうかは長の判断であり、仮に措置を講じなくとも決算の効力は変わりません。総務省の「決算不認定に関する調」（令和3年度から令和4年度まで）では、市町村で32件不認定となっていますが、うち14件が措置を講じていません。
　決算委員会で不認定となれば、本会議でも不認定となる確率は極めて高くなります。**結果を受けて措置を講じるかは長次第ですが、長の政治的責任は問われる**ことになります。

5

委員会で付帯決議が
可決される場合も
想定しておく

付帯決議とは、委員会の議案審査において、議会の修正権が及ばないなどの理由により付けられる意見や要望の決議のことです。付帯決議は、委員会の討論時に委員から決議案の提出を受け、委員長は、議案の可決後に決議案を採決に付します。なお、本会議でも同様に付けられることがあります。

　大事なポイントなので覚えておいてほしいのですが、前提として、**表決には、条件を付けることができない**ことが標準会議規則で規定されています。このことから、もし議案と併せて付帯決議が可決したとしてもそれは単なる希望※なので、長（執行機関）は法的に拘束されません。

　しかし、**議案と併せて付帯決議が付くということは、事実上の意思ですので、長は道義的に尊重する義務を負います。**それだけ付帯決議は重いものといえます。

　では、付帯決議を可決された執行機関の対応は、どうでしょうか。先ほど述べたとおり、表決に条件は付けられません。議案を原案どおり可決してもらっても、執行に対しての意見や要望を付けられたわけですから、長によっては越権行為と捉えることも考えられます。ただ、議会としては執行機関を監視する役割を担っていることから、付帯決議を受け入れることで、慎重な執行が求められます。

※昭和24年12月15日行政実例

第 6 章　議会の審査に応える！　予算決算委員会の攻略法

6

決算と当初予算の議会政策提言との関係性

議会改革の一環として、議会からの政策提言があります。これは、決算と当初予算を連動させて、決算審査で挙げられた長の政策に関する議会の意見を次年度の予算議案に反映させるものです。そして、議会の意思とするために、提言書という体裁をとって長に提出します。

　政策提言には、法的な位置づけがありません。そのため、**議会基本条例を制定している議会の場合、条例を根拠としてPDCAを回す政策形成サイクルを採用しているところがあります。**これは、いくつかの自治体で取り入れられた事業仕分けの状況と似ていますが、各自治体の議会改革も一段落し、政策提言が形骸化している感は否めません。また、規模の大きい議会ほど会派間での意見の相違もあり、政策提言の一致点を見つけることは容易ではありません。

　それでも、議会の総意として提言書を長に提出すれば、長としては次年度の当初予算議案に提言内容を検討することが事実上求められます。**予算編成権は長に専属しますが、議会は議決権を盾に提言内容の実現を迫るわけですので、長としてもできるだけ尊重する姿勢が求められます。**

　ただ、政策提言を実現するには、財源の手当はもとよりサービスの調整等、検討すべき事項は多岐にわたります。**政策提言が議会の総意であったとしても、執行機関として実現可能なのか慎重な判断が求められます。**

7

予算委員会前に議員の目のつけどころを知る

新年度予算を審議する議会は、2月から3月に開会します。本会議では、長による施政方針の後に議案質疑があり、その後、予算委員会に議案が付託されます。
　予算委員会は、会派の構成で出席できる議員数が割り振られる場合が多く、すべての議員が委員会に出席することはできません。委員会開催前に会派として質すべき箇所を抽出するための勉強会を開催している場合があります。また、議会によっては公的な会議体とは別に議案聴取のための場を設けている場合もあります。

　では、出席する議員はどのような部分に目をつけて委員会に臨んでいるのでしょうか。
　まずは、**「自身や会派が決算審査で述べた意見や指摘事項がどれだけ新年度予算に反映されているのか」**です。
　また、**「長が打ち出した新規施策や重点施策が自治体の計画等に沿った内容なのか」「一部の住民や団体等の要望を叶えるためだけの予算編成となっていないか」「過度な予算のバラマキとならないよう、財政規律は守られているか」**などを注視します。
　その他、支持者や支持団体にとって関係のある予算額についても、増減等がチェックされます。

　このように、議員が目をつけて聞いてきそうなところをある程度把握し、前もって準備しておくことが、予算委員会に出席する心理的な負担を軽くするためには大切です。

第6章 議会の審査に応える! 予算決算委員会の攻略法

8

議決対象の予算科目と組替動議を理解する

自治体の予算科目は、いうまでもなく款・項・目・節です。そのうち、**款・項までが議決科目であり、目・節は長が予算を執行する執行科目**になります。

　自治法施行令150条1項3号は、「歳入歳出予算の各項を目節に区分するとともに、当該目節の区分に従つて歳入歳出予算を執行すること」と規定しています。予算決算委員会では、目・節に該当する部分にまで質疑が及びますが、それは、目・節が款・項の積算基礎となっているからです。

　上記のことから、**議会として予算を修正できるのは、款・項までで、執行科目である目・節は修正権が及びません。**しかし、予算委員会において、目・節を含め修正を求める意見が出されることがあります。この場合、組替動議※が提出されることになります。

　これは、**議会側が予算を修正することなく、実質的に長に対して予算の再提出を求める意見要望**です。通常は、少数会派や長と対峙する議員から動議が提出され、否決されることが多いです。また、可決されても法的に長を拘束するものではありません。ただし、原案可決は難しくなるため、議案を撤回して再提出する、当該部分の予算執行を停止を約束するなど、長は何らかの措置を講じる必要があります。

　なお、組替動議は本会議で提出される場合もあります。

※「予算編成替え動議」という場合もある

第 6 章　議会の審査に応える！　予算決算委員会の攻略法

9

事業の縮小・廃止は特に丁寧な説明が必要

議員から執行機関への要望事項は、多くが予算の増額（場合によっては維持）を伴い、なかなか減額には至りません。
　執行機関は、夏以降に長から示される予算編成方針に基づき、各部署が財政当局に対し予算要求し、査定を経て長の決定により新年度当初予算が調製されます。
　その過程では一般財源確保のため、補助金・負担金について、あらかじめ終期を設けるサンセット方式にしたり、事業評価で費用対効果がみられにくい事業について、やむを得ず縮小・廃止にせざるを得ない場合があります。

　事業の廃止は、その年の当初予算にはもちろん計上されませんが、前年度の当初予算と比較すると、議員にはっきりわかることになります。また、特に財政が厳しい自治体において、財政危機宣言等を発出して事業の縮小・廃止を全議員に説明する場が設けられることもあります。

　最終的には長の決断になりますが、今まであった事業が縮小や廃止されると、サービス受益者である住民や団体に直接または間接的な影響が生じます。そして、回りまわって議員から執行機関へ質問や質疑として跳ね返ってきます。
　そのため、**委員会では事業の縮小や廃止が多いほど緊迫する**ことが予想されます。**事業が縮小や廃止に至った経緯や影響、可能な場合は代替手段について丁寧な説明**を心がけ、できるだけ議員に理解していただけるように努めましょう。

COLUMN 6

財政課経験のある管理職が注意すべき「ジレンマ」

　財政課で予算の調製をしたことがある職員なら理解頂けると思いますが、長の予算編成に対する方針のもと、各部署からの予算要求を査定して予算を組む作業をしていることから、予算編成の苦しみを経験しています。ですので、財政課から異動しても、財政課的視点をもって予算を眺める癖は抜けないと思います。また、財政課でも管理職や管理職に近い職位の職員であれば、長の施政方針等作成に携わると思います。そういった職員は、当該自治体の財政全体を把握する立場にいますので、強みも弱みも理解しているわけです。

　そんな職員が説明員として予算委員会に出席すると、ジレンマを感じると思います。議会は、長による予算編成と執行を監視し批判する立場ですが、一方で個々の議員からは住民の福祉の増進のためにさまざまな要望がなされます。大体において要望には現状より増額の予算措置が必要であり、減額の予算措置となる見込みはほとんどありません。財源は無尽蔵にありませんので、議員の要望を実現しようとすると何かの予算を組み替えるほかありません。

　このような背景から、議員からの質疑に対して財源はいったいどうするのかという気持ちになると思いますが、予算編成権は長のみに専属しています。ですので、気持ちを切り替えて丁寧な答弁に徹するべきと考えます。

第7章

議員・部下から一目置かれる
管理職になる！

スキルアップのコツ

第7章　議員・部下から一目置かれる管理職になる！　スキルアップのコツ

1

会議録検索システムや業務アプリを使いこなす

職員には異動がつきものです。異動した日から、担当部課長として議員からの問い合わせを受けたり、折衝したりすることになります。前任者から引継ぎを受けても、その瞬間からすべてを把握できるわけではありません。ただ、議員は待ってはくれません。そこで、過去の会議録を読んで、**前任者や部下の答弁内容を早く確認する**ことが求められます。

　その際、会議録検索システムを利用しているでしょうか。もし利用したことがなければ、ぜひ使いましょう。最近の会議録検索システムは進化しており、キーワード検索はもちろん、**会議の種類や話者指定、連想語や類似文検索、発言集作成**といった豊富な機能を搭載しています。
　また、自治体を超えた横断検索やクラウドによる議会映像配信と連動させているサービスを展開しているシステムもあります。これらの機能を使いこなすと、紙で読むより圧倒的に効率的です。

　また、最近はLGWANを利用して自治体間で使える業務アプリが普及してきました。これらのアプリを利用すると、庁内と庁外間が継ぎ目なくつながります。例えば、議会対応での困りごとについて、閉域の業務アプリであれば気軽に投稿して聞ける点は、インターネットの知恵袋サービスと似ています。このようなサービスを利用することで、情報収集の手段が格段に広がるので、積極的に活用していきましょう。

第7章　議員・部下から一目置かれる管理職になる!　スキルアップのコツ

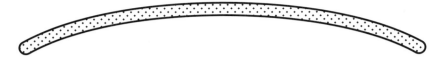

2

議会放送を聞かせて、部下に行政の諸課題について意識を持たせる

議会事務局で本会議や委員会の書記を担当したことで、行政の諸課題について認識する広い目を持つことができました。
　今思えば、とても貴重な経験で、管理職になってからも議会に対する苦手意識はありません。もしこの経験がなければ、恐らく不安を感じたのではないかと思います。

　当時の地方議会は、ケーブルテレビ放送こそ普及しつつあったものの、インターネット配信はごく一部で、両方ともほぼ録画でした。そこで、全国に先駆けてUstreamというインターネットの生・録画配信を構築しました。これにより、市民に開かれた議会はもちろん、職員も本会議や委員会等の状況をリアルタイムで知ることが可能となりました。今では、**多くの議会でYouTubeなどによるインターネット配信が当たり前**になっています。

　この経験から、執行機関に異動した後も、本会議や委員会等の様子を自席のパソコンにつないだスピーカーから執務室内に流して、部下にも聞こえるようにしたことがあります。
　もちろん、このようなことができる職場もあれば、窓口などがあってできない職場があるとは思いますが、**若い頃から議会放送を聞いて意識を持たせることで、管理職になってからも議会対応に自信を持つことができる**のではないかと思います。

第7章 議員・部下から一目置かれる管理職になる！ スキルアップのコツ

3

本会議や委員会の内容を
要約させることが、
部下の成長につながる

議会事務局の委員会担当書記は、委員長報告を作成補助するために、速記内容を要約して委員長に渡すことがあります。
　委員長報告とは、委員会で審査や調査を終えた事件について、本会議で審査の経過と結果を委員長が口頭で述べるものです。特に、委員外の議員にとっては、委員長報告が表決の重要な判断材料となるため、簡潔明瞭にまとめなければいけません。

　委員長報告は、**委員会で議員と説明員の間でどのような議論が交わされ、論点・争点がどこなのかを押さえて要約する**ことが求められます。そのためには、**流れていく会話をしっかり聴きとり、文脈を整理しながら「ここは重要」というポイントをつかみ取る能力が必要**です。

　この業務を繰り返した経験は、自身の文書作成はもちろん、部下が作成した文書のチェックにも役立っています。自治体では、係長以上になると、部下が作成した文書をチェックする機会が増えます。また、答弁書を作成する担当者になる場合もあります。若い頃に文書作成が多い部署に配属されていれば能力向上も期待できますが、そういった経験をあまりしないままだと、後々苦労することになりかねません。

　本会議や委員会の内容を部下に聴かせ、内容を要約させることは、部下の成長につながるとともに、部下が管理職になるための準備にもなります。

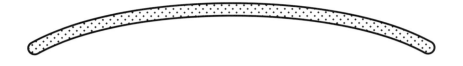

4

傾聴上手は答弁上手

会議や委員会に出席する説明員の中には、議員の問いをしっかりと聴いて答弁できる職員とそうでない職員がいます。
　その差は如実ですが、これは、いろいろな問題が入り混じって起こります。まず、議員側の問題として、質問や質疑にかける時間が長い議員や、話の論点がまとまりきらないまま話し続ける議員、自分の意見と質問を混ぜて話す議員がいます。つまり、議員の話法自体に問題があるため、この時点で理解すること自体が難しくなります。

　問いを聴く側の職員にも似たようなことが起こります。議員が使用した言葉の定義を違う概念で捉えて答弁に齟齬が生じてしまう職員や、問いの文脈を理解できず、一部分だけを切り取ったり、早とちりしたりして、ちぐはぐな答弁になってしまう職員がいます。

　一方、**問いをしっかりと聴ける職員は、議員が発した言葉の定義や文脈を明確化し、議員の問いの焦点を絞ることができている**ので、的確な答弁をします。議員の話す癖や思考パターンにまで想いを馳せて答弁できる、かなり高度な傾聴力を持つ職員もいます。まさに、傾聴上手は答弁上手なのです。

　職員が答弁で伝える技術と議員の傾聴力も同様です。質問と答弁はコミュニケーション能力ですが、会話ができるから質問と答弁もできるものではなく、訓練が必要なのです。

第7章　議員・部下から一目置かれる管理職になる！　スキルアップのコツ

5

議員からの資料要求を部下から相談された時に上司の力量が試される

庁舎を訪れた議員から、部下に直接「○○に関する資料を出してほしい」と要求があり、部下から（作成して）渡してもよいかと相談された時、どう対応しますか。

議員には執行機関への資料要求権はありません。よって、執行機関が議員から直接、資料要求を依頼されても、資料は渡さなくてもよいことになります。しかし、このような決まりがあることを知らないまま、これまで先輩課長が渡していたからとか、役所の慣例で資料を渡している場合もあるのではないでしょうか。

議員との関係性を重視して、「特段の配慮が必要ではないか」と考えるかもしれませんが、**断る理由としては正当性がある**ことを理解しておく必要があります。
　なお、**議員がどうしても資料が必要なら情報公開請求を案内する**方法があります。議員であっても市民と同じように情報公開請求をしてもらうことが正当な手続きです。この場合、現に存在している資料に対しての請求であり、議員が求める資料だからといってあえて作成する義務はありません。

「○○課（の□□課長）は何も言わず資料を渡してくれたのに、どうして△△課は情報公開請求させるのか」と議員から苦言をもらわないように、**議会と接点のある総務系や情報公開担当の部署とは見解の統一を図っておく**ことが望ましいでしょう。

第7章　議員・部下から一目置かれる管理職になる！　スキルアップのコツ

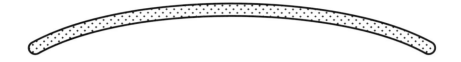

6

委員会提出資料の作り込みはほどほどに

説明員が委員会で説明する際、わかりやすく説明する手段として資料を事前に提出する場合があります。これは、委員会からの資料要求とは異なり、執行機関が自らすすんで提出するものです。

　提出資料の作り込み具合は人それぞれですが、資料を作り込みたい職員は、①委員会で内容を深く聞かれないように、**事前に資料へ落とし込んで安心したい**、②時間の都合上、全部は説明しきれないので、**議員に資料を読んでもらいたい**、③議員からこの資料ではわかりにくいので**追加の資料を提出してほしいとの要求をなるべく防ぎたい**といったことを考えていると思われます。

　ただ、説明のためにあえて資料を作り込む必要はないと考えます。理由は、①議会は言論の府なので、口頭での説明が基本であり、**資料も口頭での説明を補完する程度のものでよい**こと、②執行機関が作成した検討段階の資料または国等が作成した既存資料を転用することで、**必要以上に作成労力を割かない**、③説明時間が限られる中で資料に詰め込みすぎるより、可否の判断材料として**ポイントを絞ったほうがわかりやすい**、この3点です。

　どうしても資料を作り込んで提出したいのであれば、長へのレクチャー用資料と同程度のA4用紙1枚に収まるボリューム感がよいと思います。

第7章 議員・部下から一目置かれる管理職になる！ スキルアップのコツ

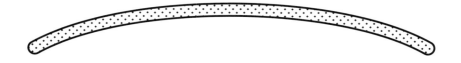

7

議員のハラスメントから自身や部下を守るコツ

全国の自治体で相次ぐパワハラやセクハラの不祥事報道。地方議会も状況は同じで、議員対議員でも起きますが、むしろ議員から職員へのハラスメントが起こりがちです。会派室に職員を呼びつけて暴言を吐いたり、住民に同行して「要望」という名目で職員に無理難題を求めて恫喝したり。男性議員から女性職員への卑猥な言動、差別的な言動等も目立ちます。

　さて、職員に対する議員のハラスメントが明らかになった場合、議会から議員に懲罰は科されるでしょうか？

　正解は、科されません。最高裁判決※で**「議会の運営と全く関係のない議員の議場外における個人的行為は、懲罰事由とすることができない」**とされているからです。

　地方議会も昨今のコンプライアンスに対する意識の高まりを受けて、研修の実施や政治倫理条例の改正（コンプライアンス条項の追加）等の対策をとっています。しかしながら、議員の個人的行為を制限することは難しく、議員辞職勧告決議が限界です。

　議員からのハラスメントへの対処としては、**議員には上司と部下2名で対応する、口利き記録制度を導入する、会派室等で異性の職員と議員が1対1にならないよう配慮する、告発できる相談体制を整える、会話を録音する**などが考えられます。組織＋個人で対抗手段をとることが必要です。

※最高裁判決昭和28年11月20日

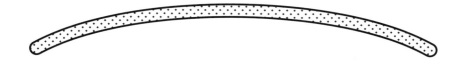

8

議員提案条例制定前から執行機関として情報収集が必要

議会は、長の政策を監視するとともに、予算修正権や立法権を有しています。にもかかわらず、長提出議案の9割以上が原案可決しているのが全国の状況と言われています。

　これに対し、議会改革では議会の権能を行使し、存在感を示すことが謳われており、その1つが議員提案条例制定です。自治法112条2項で、議案提出は、議員定数の12分の1以上の賛成が必要と規定しています。ただ、**議会の意思として議員提案条例を制定するからには、全会一致での可決に意義があるため、条例案はどの会派等も得心する総花的なものにならざるを得ません。**

　また、議会事務局の立法補佐能力は脆弱なため、**住民に義務を課し、または権利を制限する条例の制定はハードルが高い**のが実態です。それゆえ、議員提案条例は理念条例に偏りがちなのは致し方ないとはいえ、条例が制定されれば執行機関はもとより、住民や団体等に影響が及びます。

　そこで、**条例の検討段階から議会事務局を通じた情報収集が必要**です（機関が異なるので情報が下りてこない場合もあります）。

　そして、制定された場合の影響度合い等について執行機関としての考察をまとめ、個々の議員や会派に働きかけることも検討します。制定権者としての道義的責任を自認していただくためにも、必要であれば条例検討段階から長による申入れ等も視野にいれておいたほうがよいでしょう。

COLUMN 7

公立図書館や議会図書室は
職員の強い味方

　業務において困った時や事例を知りたい時は、インターネットで検索するのが一般的だと思います。また、各種業務アプリのほか、自治体で契約した例規や官報等の検索サービスも有効です。その他、他自治体に電話で問い合わせたり、メールで調査をかけることも多いのではないでしょうか。

　では、図書館のレファレンスサービスを活用した経験はありますか。レファレンスサービスとは、調べたい内容や探している資料について、必要な情報を案内してくれるサービスです。所蔵図書の有無だけでなく、新聞雑誌の記事や論文などの探し方も案内してくれます。

　市町村立や都道府県立の図書館、国会図書館には専門の司書がいます。司書は、情報収集に関する技術を持っており、ネット検索では出てこない情報も探してくれます。

　また、あまり知られていませんが、議会図書室も活用できます。議会図書室は議員だけが利用できる図書室と思われがちですが、当該自治体の職員や住民も条件付きで利用できる場合があります。足を踏み入れたことがない職員も多いと思いますが、議員向けに専門書が揃っているので活用しない手はありません。

　その他、市政専門図書館[1]や防災専門図書館[2]といった専門分野の図書館もあります。ぜひ業務でレファレンスサービスを活用してみてください。

[1] https://www.timr.or.jp/library/
[2] https://city-net.or.jp/products/library/

●著者紹介

北村 純一（きたむら・じゅんいち）

三重県鳥羽市職員
議会事務局実務研究会会員

　民間企業勤務を経て、平成11年鳥羽市役所入庁。平成20年から議会事務局職員として9年間在籍。その間、地方議会で初めてTwitter（現X）を導入したほか、本会議、常任委員会などほぼ全ての会議をインターネットライブ配信して議会の見える化を図った。また、全国に先駆けて議員向けタブレット端末やグループウェアを導入するなど議会のICT・DXを積極的に推進したことで、衆参両院事務局など100を超える団体の行政視察を受け入れ、全国市議会事務局職員研修会の講師も務めた。

　その他、県・市立図書館と市議会図書室との連携開始や政務活動費領収書のオンライン公開、会派制度の廃止、通年会期制の導入など、市議会の議会改革を支えた。

　現在は、執行機関の管理職として本会議に出席する一方で、各地の議員向け研修会に登壇するほか、『自治日報』『ガバナンス』『月刊J-LIS』『地方自治職員研修』など行政誌への執筆活動等、地方議会の実務サポートにも携わっている。

※活動履歴はnoteをご参照ください。
　https://note.com/council_advisor/

1時間で議会対応のコツがわかる本

2024年12月4日　初版発行

著　者　北村　純一
発行者　佐久間重嘉
発行所　学　陽　書　房

〒102-0072　東京都千代田区飯田橋1-9-3
営業部／電話　03-3261-1111　FAX　03-5211-3300
編集部／電話　03-3261-1112
https://www.gakuyo.co.jp/

ブックデザイン／能勢明日香
DTP制作・印刷／精文堂印刷
製本／東京美術紙工

Ⓒ Junichi Kitamura 2024, Printed in Japan
ISBN 978-4-313-18071-0 C2031
乱丁・落丁本は、送料小社負担でお取り替え致します

JCOPY 〈出版者著作権管理機構　委託出版物〉
本書の無断複製は著作権法上での例外を除き禁じられています。複製される場合は、そのつど事前に、出版者著作権管理機構（電話03-5244-5088、FAX 03-5244-5089、e-mail: info@jcopy.or.jp）の許諾を得てください。